Meine Mara-Jahre

Ilse Rau

Meine Mara-Jahre

Erinnerungen

Libelle

Ich war bereits jenseits meines achtzigsten Jahres, als ich von Konstanz nach Tübingen übersiedelte, um meinen Kindern näher zu sein. Diese aus verschiedenen Gründen überstürzte Entscheidung katapultierte mich übergangslos aus einem erfüllenden, noch aktiven Berufsleben in ein »dolce far niente«, auf das ich nicht eingestimmt war.

In der Zeit einer unruhigen Neubesinnung in einer Stadt, in der ich schon einmal gelebt hatte, begann ich, über die frühen Jahre meines Lebens nachzudenken, die ich in mir wie verschüttet mitgetragen hatte. Um meinen Kindern und den nächsten Freunden diese ihnen nur in Bruchstücken bekannte Frühzeit meines Lebens anschaulich zu machen, begann ich, in einer Ichform zu schreiben. Das ging nicht lange gut. Alpträume jener Jahre kehrten bildgenau zurück; scheinbar unerklärliche Panikattacken brachten meinen Alltag durcheinander und verunsicherten mich zutiefst. Schließlich wollte ich das autobiografische Schreiben aufgeben. Es war der Einfall, mein damaliges Erleben in einen anderen Menschen, eine fiktive »Mara«, zu übertragen, der mir schließlich ermöglichte weiterzuschreiben. So wurde »Mara« zu einem Alter Ego jener Jahre der Bedrohung und der größten Fremdbestimmung – bis mir ein Wieder-Heimischwerden in Deutschland gelang.

Tübingen, im Juni 2016

Die Kleine sitzt rittlings auf dem breiten Ast im Kirschbaum, inmitten von Blättern und Früchten. Sie summt vor sich hin, lässt die nackten Beine baumeln. Ihre Finger sind rot vom süßen Kirschsaft. Wenn sie von ihrem hohen Sitz hinunterguckt auf den Rasen, sieht sie rund um den Baum auf die weißen, zum Bleichen ausgebreiteten Wäschestücke. Lustig sehen die aus, rot gesprenkelt von den ausgespuckten Kirschkernen. Sie weiß, was sie da in ihrem Übermut angerichtet hat. Sie weiß auch, dass die Strafe nicht ausbleiben wird: Vielleicht malt sie sich aus, wie diese wohl ausfallen könnte, wenn Lene, die Hauswirtschafterin, und ihre Tochter Rotraut, auftauchen werden, um die Wäschestücke zu wenden. Doch noch sitzt sie ungestört in ihrem Blätterwald und träumt vor sich hin.

Die Kleine ist das einzige Kind von Hugo, 43 Jahre alt, erfolgreicher Textilfabrikant, und von Vicky, zehn Jahre jünger als ihr Mann, eine gutaussehende, meist elegant gekleidete Frau, die das Leben zu genießen weiß, aber auch Hand anlegen kann, wenn es erforderlich ist.

Lene war schon die Amme von Hugo gewesen und hatte damals ihre ledig geborene Tochter mit ins Haus gebracht. Schon für die zweite Generation führt sie als hoch geschätzter guter Geist die Regie in allen hauswirtschaftlichen Belangen. Die Familie lebt ein großbürgerliches Leben, reich an Annehmlichkeiten. In dem gastlichen Haus herrscht eine weltoffene Atmosphäre, die von Besuchern aus aller Welt geschätzt wird.

Die Kleine im Baum. Es kommt, wie es kommen musste. Mit gesenktem Kopf, aber ohne eigentliche Reue, lässt sie die verdiente Strafpredigt über sich ergehen – das Kirschkerne-Spucken war einfach gar so lustig!

Zur Strafe muss sie das Mittagessen in der Küche einnehmen. Keine Nachspeise.

Eigentlich mag sie das Essen in der Küche als Abwechslung zu den gemeinsamen Mahlzeiten mit den Eltern am gedeckten Tisch, wo sie meist die Klingel unter der Lampe bedienen darf, um den nächsten Gang aus der Küche abzurufen.

Aber als Strafe, ohne lustiges Geplauder mit Lene und Rotraut...

Das Schlimmste: Die geliebte Lene würdigt sie beim Essen und auch noch den ganzen langen Tag keines Blickes! Auch das Zubettbringen überlässt sie dem Kindermädchen, mit dem sie wie jeden Nachmittag spazieren gehen musste.

Vor dem Einschlafen kommt Lene leise zu ihr ans Bett, gibt ihr einen Kuss und sagt: »Jetzt sind wir wieder gut und du lässt uns nie mehr doppelte Arbeit machen – einverstanden?« Glücklich schlingt Mara ihre Arme um Lenes Hals. Die Welt ist wieder in Ordnung. Und am andern Tag wird sie, als Nachklang der Strafe, der lieben Lene beim Mangeln der Wäsche helfen.

In Erinnerung bleibt ihr das Glücksgefühl im Übermut und ihr Vertrauen darauf, dass es mit Lene dennoch gut ausgehen würde.

Frechdachs in glücklicher Kinderzeit.

An der Hand von Papi betritt die Kleine die riesige Fabrikhalle, in der große Maschinen einen Höllenlärm machen. Papi geht von einem Arbeitsplatz zum anderen, spricht mit den Arbeitern, die ihm – respektvoll und zugleich ungezwungen – Auskunft geben. Auch die Kleine reicht jedem die Hand und bekommt vergnügt-scherzhafte Antworten auf ihre unbefangenen Fragen. Die Arbeiter schäkern gern mit dem »Kleinen Fräulein«, das sich so selbstverständlich zwischen ihnen bewegt. Die Fragen gelten vor allem den einzelnen Menschen, denn hin und wieder darf die Kleine ihre Mami bei einem ihrer Wochenbett- oder Krankenbesuche in einer Arbeiterfamilie begleiten. So ist das Interesse des »Kleinen Fräuleins« für das jüngst geborene Baby oder für den Heilungsverlauf einer Verletzung bei einem Arbeiter, der einen Verkehrsunfall hatte, größer als für die laufenden Arbeitsgänge. Was die großen, lärmenden Maschinen, anscheinend ganz selbstständig, um sie herum fertigen, interessiert die Kleine nicht.

Sie weiß aber, dass ihr Vater immer wieder in fremde Länder reist, um selbst die Materialien auszusuchen, die in seiner Fabrik verarbeitet werden. Von jeder Reise bringt er ihr etwas Besonderes mit, einmal sogar einen lebenden kleinen Kapuzineraffen! Ein paar Monate lang war er ihr über alles geliebter, lustiger und einziger Spielgeselle, bis – ja, bis er Mami und Lene zu oft geärgert hatte mit seinen unberechenbaren Eskapaden. Eines Tages war er dann einfach verschwunden – sang- und klanglos in einen Zoo verfrachtet.

Danach war sie wieder allein unter lauter Erwachsenen. Über das fraglose Vertrauen in Mami, Lene und in die Welt hatte sich für Mara ein erster düsterer Schatten des Zweifels gelegt.

*Mara
unterwegs
mit ihrem
Vater.*

Doch an diesem Tag ist Mara restlos glücklich. Sie
hat Papi für sich allein! Und nach dem Besuch in der
Fabrik darf sie ihn zum jüdischen Friedhof begleiten,
wo seine Eltern begraben sind. Sie möchte gern Blumen für die Großeltern mitnehmen, die sie nie kennengelernt hatte. Doch ihr Vater erklärt ihr, dass Be-
sucher von jüdischen Gräbern keine Blumen, sondern kleine Steine zum Gedenken dort niederlegen.
Die Kleine findet das seltsam, beginnt aber sofort mit
der Suche nach besonders schönen Steinen, die sie
dann auf dem schwarzen Marmor der Doppelgrab-
stelle niederlegt: zwei helle, eigenwillig geformte
Kiesel. Wie jedes Mal steht Papi auch heute lange still
am Grab seiner Eltern, während Mara durch die Grä-
berreihen streift. Sie liebt diesen Friedhof in seinem

lichten Wald, ihre toten Großeltern interessieren sie nicht besonders. Papi erzählt auch nie von ihnen, und Mara scheut sich zu fragen. Für sie ist einzig wichtig, mit ihm zusammen sein zu können.

Zum Friedhofsbesuch gehört ein eigenes Ritual, gewissermaßen das »Sahnehäubchen«. Der Heimweg führt nämlich an einem Café vorbei. Papi trinkt dort einen »Wiener Mokka«, und Mara hat die Wahl zwischen einem Stück Schokoladentorte und einer Schale Eis. Weil sie für beides eine Schwäche hat, braucht sie ziemlich viel Zeit für ihre Entscheidung.

Der weitere Heimweg gestaltet sich jedes Mal anders. Meistens erzählt Papi eine gerade eben erfundene Geschichte; heute aber rennt Mara voraus und versteckt sich. Papi muss sie suchen, soll sie dabei aber auch übersehen: Dann läuft sie ihm hinterher und erschreckt ihn mit lautem Lachen. Der Jubel, wenn der Vater sich blitzschnell umdreht, sie packt und im Kreis herumschwenkt!

Heute ist ein rundum glücklicher Tag für die Kleine.

Vor dem Haus mit der breiten, schön geschwungenen Freitreppe hat die Kleine mit farbigen Kreiden »Himmel und Hölle« aufgezeichnet.

Sie wartet auf ihren Spielkameraden Dieter aus der Nachbarschaft. Leider gibt es in diesem Villenviertel nicht viele Kinder. Dieter ist eines der wenigen. Und nie muss er mit dem Kindermädchen, der »Nurse«, im Park spazieren gehen. Er darf – einfach so sich selbst überlassen – auf der Straße spielen.

Endlich kommt er! Aber anders als sonst, langsam und mit gesenktem Kopf: Er dürfe nicht mehr mit ihr spielen, sagt er leise und schaut sie dabei nicht an; »weil du jüdisch bist«. Schnell dreht er sich um und rennt weg. Allein steht die Kleine zwischen »Himmel und Hölle«. Verwirrt, wütend, ratlos.

»Lene, was ist jüdisch?«, fragt sie später, am Abend, als Lene sie ins Bett bringt. Lene erschrickt. Schließlich sagt sie: »So genau weiß ich das auch nicht..., jedenfalls nichts, wofür man sich schämen muss. Und nun schlaf schön!«

Die Kleine denkt sich in einen unruhigen Schlaf hinein. Der nimmt sie erst auf, nachdem Mami ihr den abendlichen Gutenachtkuss gegeben hat... Als sie die Tür hinter sich zuzieht, bleibt ein zarter Duft zurück.

»Papi, was ist jüdisch?« Die Kleine sitzt auf seinem Schoß, und gemeinsam schauen sie ein dickes Buch an, mit Seiten aus altem Pergament, mit Bildern, die viel Gold in ihren Farben aufweisen und lauter unbekannte Schriftzeichen. Eine der kostbaren alten Bibeln, die ihr Vater von seinen Reisen mitgebracht hat. Die Bücher füllen die Wände seines Arbeitszimmers mit dem Leben aus über tausend Jahren. Ihr Vater scheint fremde Sprachen buchstäblich aufzusaugen. Er entziffert viele ihrer Hieroglyphen offenbar mühelos. Für die Kleine sind das gemeinsame Betrachten der Bilder und Papis Erzählungen dazu ein leider seltenes Fest.

»Tja, was ist jüdisch«, wiederholt er nachdenklich die Frage. Er lehnt sich zurück, und Mara macht es sich in seiner Armbeuge gemütlich.

»Und warum sagt Lene, dass man sich dafür nicht schämen muss?«, schiebt sie nach. Papi schweigt immer noch. Unruhig rutscht die Kleine hin und her. Mit ihrer Ungeduld hilft sie ihm, denn sie fragt einfach weiter: »Bist du jüdisch?« Erleichtert findet er zu einer klaren Antwort: »Ja, ich bin jüdisch. Weil meine Eltern, die Großeltern und Urgroßeltern auch jüdisch sind. Du weißt doch, dass sie auf dem jüdischen Friedhof begraben sind.« Nachdenkliches Schweigen.

»Und Mami, ist die auch jüdisch?«

»Nein, Mami ist… « Ihr Vater zögert und sagt schließlich, irgendwie unentschlossen: »Mami ist evangelisch.«

»Und ich, was bin ich, Papi?« Erwartungsvoll kniet sich Mara auf Papis Schoß und beißt ihn sacht in die Nase. »Du? Du bist unser Goldschatz!« Mit einem Ruck steht ihr Vater auf und wirft seine Kleine lachend in die Luft.

Aufrecht sitzt Vicky dem Beamten gegenüber. Sie hat sich innerlich gewappnet, seit ihr die Vorladung beim »Amt für Meldeangelegenheiten, Personalausweise und Reisepässe« zugestellt wurde.

Der Mann hinter dem Schreibtisch blättert in der Akte vor ihm, schaut dann auf und fragt geschäftsmäßig, aber nicht unfreundlich: »Sie sind Vicky Benda, geborene Kraft; verheiratet seit 1924 mit dem Juden Hugo Benda, Textilfabrikant. Gemeinsam sind sie Eltern einer Tochter Mara. Stimmt das so?

Vicky nickt leicht. »Ich habe Sie vorgeladen, um Ihnen die Scheidung von Hugo Benda nahezulegen.« Mit hochgezogenen Brauen schaut Vicky den Beamten fragend an. »Warum?«

Mit leichtem Zögern erwidert der Beamte ihren Blick und sagt dann, der Schritt werde ihrem persönlichen Schutz und der Sicherheit ihrer Tochter dienen.

Vicky sitzt nun noch aufrechter auf ihrem Stuhl und schaut ihrem Gegenüber direkt in die Augen: »Was heißt das im Klartext, bitte?« Die Antwort kommt ruhig, fast begütigend: »Die Regierung sieht vor, der jüdischen Bevölkerung die Staatszugehörigkeit abzuerkennen und sie umzusiedeln. Im Falle einer Scheidung wären Sie und Ihre Tochter Mara von dieser Maßnahme nicht betroffen. Ihnen beiden bliebe das Wohnrecht und alle anderen staatsbürgerlichen Rechte erhalten... Ich nehme an, Sie sind sich der Vorzüge einer solchen Entscheidung bewusst – auch im Hinblick auf die Zukunft Ihrer Tochter.«

Vicky fragt: »Umsiedeln..., was meinen Sie damit?« Der Beamte windet sich: »Juden sollen außerhalb des Deutschen Reiches angesiedelt werden...«

Er kommt nicht weiter. Vicky erhebt sich langsam von ihrem Stuhl. Kerzengerade steht sie vor dem

Manches wird ihr erst später erzählt.

Schreibtisch: »Keine schöne Aufgabe haben Sie da; ich stehe lieber auf dieser Seite Ihres Schreibtischs. Das, was Sie ein Angebot nennen, lehne ich ab. Mein Mann ist sehr krank. Und ich liebe ihn.«
Auch der Beamte ist aufgestanden. Er will Vicky verabschieden und ihr die Tür öffnen. Doch Vicky verlässt den Raum. Rasch.
Draußen lehnt sie sich einen Augenblick an die Wand. Sie hat Angst. Aber die will, die darf sie sich nicht anmerken lassen.

Ja, Papi ist krank. Und die Kleine darf nicht zu ihm. Über dem sonst so lebhaften Geschäftshaushalt lastet jetzt eine unnatürliche Stille. Alles ist so anders, irgendwie beklemmend. Niemand hat Zeit für sie. Ausgeschlossen von den Erwachsenen, die mit ernsten Gesichtern nachdrücklich die Türen hinter sich schließen, wenn sie miteinander reden, versucht die Kleine, sich einen Reim auf die erlauschten Gesprächsfetzen zu machen: »aufgeben«, heißt es da, und »beschlagnahmen, verkaufen, gefährlich für dich und das Kind, Personal entlassen…«.

Nachts verdichten sich die Phantasien zu Alpträumen. Immer öfter schreckt die Kleine weinend aus dem Schlaf. Dann kommt Mami aus dem Schlafzimmer und versucht sie zu beruhigen, was meist nur schwer gelingt; Mami sieht selbst verweint und müde aus.

Tagsüber setzt inzwischen die Schule neue Akzente. Seit einigen Monaten besucht sie die erste Klasse der »Volksschule für Mädchen« ganz in der Nähe. Sie hatte der Einschulung entgegengefiebert: endlich würde sie zu einer Klassengemeinschaft gehören, mit anderen Kindern zusammen lernen, singen, spielen, lachen! Mit der Schultüte im linken Arm hatte sie neben Mami gestanden und, wie die anderen Kinder, den rechten Arm in die Höhe gestreckt, als das »Deutschlandlied« gesungen wurde. Sie kannte die Melodie aus dem Radio, aber nicht den Text. Und noch viel weniger den vom »Horst-Wessel-Lied«, das sich anschloss. Verstohlen sah sie auf zu Mami. Die stand einfach so da und sang auch nicht mit.

Seit ihrem ersten Schultag wird sie nicht mehr »die Kleine« genannt. Sie wird jetzt mit ihrem Rufnamen *Mara* angesprochen, nicht nur in der Schule, auch zuhause. Stolz stellt sie sich vor den Spiegel und ruft sich selber zu:»Ich bin Mara!« Oder sie flüstert Lene ins Ohr:»Sag mal Mara, aber ganz laut.« Lene tut es und streicht dem Mädchen mit einem seltsam bekümmerten Lächeln über den Kopf. Noch weiß Mara nicht, dass mit ihrem neuen Namen »die Kleine« leise, unauffällig, das Haus der Kindheit verlässt …

In der Klasse wird sie – zusammen mit Marion, einer anderen Schülerin – rasch zur Außenseiterin. Als Fähnchen oder bunte Hakenkreuz-Plakate gebastelt werden, müssen die zwei Mädchen den Raum verlassen:»Ihr dürft nicht mitmachen, ätsch! Ihr seid nämlich Judenmädels«, ziehen die anderen über die beiden her und grinsen schadenfroh.

Die Lehrerin weist die Lästermäuler scharf zurecht, kann aber die »Anweisung von oben« anscheinend nicht ändern. Die beiden Mädchen gehen wortlos. Draußen weint Marion hemmungslos. Mara stürmt, türenknallend, aus der Schule. Auf dem Spiel- und Sportplatz gegenüber der Schule fliegt ihr neuer Ranzen ins Gebüsch, sie trampelt erst wild mit beiden Füßen auf dem Boden herum, setzt sich dann auf die Schaukel, stößt sich ab und fliegt: hoch, hoch, immer höher …

Am liebsten möchte sie bis zu den Wolken hinauffliegen, und dann auf einer Wolke weit fort von den täglichen Demütigungen. Doch ihr Stolz zeigt ihr einen anderen Weg.

Heimlich übt sie so oft und so lange am großen Reck, bis sie den doppelten Überschlag und einen perfekten Absprung im Schlaf beherrscht. Da sie nie freiwillig zu den Geräten zugelassen wird, boxt sie sich irgendwann den Weg frei, hangelt sich vor den verdutzten Gesichtern von den beiden niedereren Recks bis zum höchsten, absolviert ihre Vorführung mitsamt einem tadellosen Absprung. Dann packt sie ihren Ranzen, lächelt in die Runde und zieht ab. Von nun an hat sie Ruhe vor den Sticheleien.

»Frau Benda, Frau Benda, kommen Sie schnell! Ja – Mara auch; aber ziehen Sie etwas über, es schneit!« Zitternd vor Aufregung hilft Lene Mutter und Töchterchen in den Mantel und murmelt, fast schluchzend, dabei immer nur: »Nein so was, so was…«

Unnatürlich steif geht Vicky hinunter auf die Freitreppe vor dem Haus, Maras Hand fest in ihrer. Es ist, als halte sie sich an dem Kind aufrecht.

Ihr Mann ist schon da. Im Anzug, ohne Mantel, schmal geworden, fast geschrumpft erscheint er ihr von hinten. Als sie mit Mara neben ihn tritt, sieht sie im Dämmer des winterlichen Abends, dass er lächelt, während ihm unaufhörlich Tränen über das Gesicht rollen. Mara drängt sich zwischen die Eltern.

Vor ihnen auf der Straße steht eine unübersehbare Anzahl Männer eng beieinander. Schweigend, mit gezogenen Hüten, nehmen sie Abschied von ihrem Chef und großherzigen Brotherrn, ehren ihn auf diese Weise minutenlang, während der Schnee auf die entblößten Köpfe fällt.

Ihr Vater hat die Arme mit den zusammengelegten Händen zum Gruß weit nach vorn gestreckt. Aus seinem Mund kommt ein gepresstes, aber hörbares »Danke!« und »Glück auf!«. Dann dreht er sich um und verschwindet im Haus. Lene holt das widerstrebende Kind sanft, aber bestimmt ebenfalls zurück ins Haus. Vicky bleibt draußen stehen. Winkt schweigend, bis die graue Menge der Männer sich im Dunkel zerstreut.

Das Unternehmen war über Nacht enteignet und in »arische« Hände überführt worden. Die Arbeiter sollen auf ihre Staatstreue überprüft und – im günstigen Fall – von den neuen, linientreuen Vorgesetzten übernommen werden.

Und die schweren Tage mehren sich. Mami ist jetzt oft unterwegs: »Es gibt gerade vieles zu regeln«, sagt Lene auf Maras Fragen. Eines Vormittags huscht Mara ungesehen zu ihrem Vater. Fast unbeweglich liegt er im Bett. Er lächelt ihr zu, holt sie mit einer matten Handbewegung zu sich heran.

Als Lene sie ruft, schlupft sie unter seine leichte Decke. Offenbar schickt Papi Lene fort, und sie versteht ohne Worte. Maras Hand sucht Papis Oberkörper ab: »Was macht dein Krebs mit dir?«, fragt sie leise.

»Der wächst und wird so groß wie eine Wolke. Und die nimmt mich dann ganz sacht mit auf ihre Reise, weit, weit fort…«

Mara denkt an ihren Wunsch auf dem Spielplatz, hoch und weit bis in die Wolken hinein mit der Schaukel zu fliegen. »Ich will auch mit auf die Wolke, mit dir zusammen«, flüstert sie. »Das geht aber nicht«, flüstert er zurück, »weil jeder Mensch seine eigene Wolke hat. Außerdem musst du Mami helfen, dass sie wieder fröhlich wird – dass ihr beide viel lachen könnt…, versprichst du mir das, Mara?«

Papis Stimme war immer leiser geworden. Mara konnte nur stumm nicken, mit dem Kopf auf seiner Brust.

Mara schreckt aus dem Schlaf – verwirrt horcht sie auf die ungewohnte Unruhe im Flur: Sie hört die Stimmen von Mami und Lene, dazwischen eine unbekannte Männerstimme; eine Tür wird zugeschlagen, dann Stille.

Vorsichtig öffnet Mara die Zimmertür: Es ist niemand zu sehen. Sie läuft barfüßig durch die dunklen Räume, im Schlafzimmer der Eltern ist Mamis Bett flüchtig aufgeschlagen, fühlt sich noch warm an, als hätte sie es eben verlassen.

Durch das Küchenfenster taucht ein fahler Mond den Raum in gespenstisches Grau. Nur vom großen Herd her leuchtet es rötlich und warm, es sind die glimmenden Briketts, ihre Glut hält bis zum Morgen, wenn Lene das Feuer wieder neu entfacht...

Auf einmal weiß Mara: Es geht um Papi! Sie verharrt im Kücheneingang, zittert, hört, wie ihre Zähne klappern. In ihrem Kopf schießen Bilder und Wortfetzen aus den vergangenen Wochen durcheinander: Papi, abgemagert und bleich im Bett; mit einem matten Lächeln schickt er ihr eine Kusshand zur Tür – sie soll ihn nicht besuchen, er brauche Ruhe. Wie froh ist sie, dass sie ihm doch noch einmal ganz nah sein konnte! Ob er jetzt auf der Wolke ist? Sie sieht sich immer wieder verstohlen die Tür öffnen, um sich zu vergewissern, dass er da ist. Eines Tages hat sie Lene überrascht, wie sie eine Schüssel mit Blut aus dem Schlafzimmer trug.

Beklommen hat sie das Kommen und Gehen fremder, ernster Menschen erlebt, ihre halblauten Gespräche. »Stationär, aber eigentlich schon zu spät«, hörte sie, und »inoperabel«, ein Wort, das sie nicht verstand.

Sie suchte im Lexikon, kam dabei schließlich auf »Oper«, kann sich jedoch keinen Reim darauf ma-

chen; was eine Oper ist, weiß sie durch die Schall-
platten, deren Melodien Mami manchmal mitsummt.
Doch Mami singt und spielt auch nicht mehr auf dem
Flügel. Als sie ihr vor einiger Zeit mit verweinten Augen sagte: »Wir beide werden bald allein sein«, hatte
Mara den Satz auf eine nächste lange Reise von Papi
bezogen. Jetzt begreift sie.

Schemenhaft erinnert sie sich an einen Besuch bei
der sterbenden Oma, etwa zwei Jahre zuvor. Die
schlaffen alten Arme, die sie umfangen hatten, um
sie noch einmal zu herzen; der strenge Geruch, der
von ihrem Körper ausging, die riesigen Augen, die
ihr so Angst gemacht hatten, dass sie nur noch weg-
wollte...

Immer noch zitternd, holt Mara den Schemel, den
Lene immer beim Teigrühren benützt, kauert sich
ganz nah vor das helle Herdfensterchen und schaut
in die Glut der zerfallenden Briketts. In ihrer Hilflo-
sigkeit sucht sie den Wettstreit mit dem wartenden
Tod an Papis Bett: Wenn es ihr gelingt, wach zu bleiben, solange die Glut hält – wird Papi dann vielleicht
nicht sterben?

Als Lene am Morgen in die Küche kommt, liegt Mara
zusammengerollt schlafend am Boden neben dem
Schemelchen. Wie aus weiter Ferne lächelt sie Lene
an, die sie behutsam in ihr Bett trägt.

In dieser Frühlingsnacht ist Hugo Benda im städtischen Krankenhaus gestorben. Vicky war bei ihm.

Mara wird ihn nicht mehr sehen. Auch an der Trau-
erfeier und dem Begräbnis auf dem schönen jüdischen Friedhof darf sie nicht teilnehmen, denn immer wieder werden Begräbnisse durch judenfeindli-
che Gruppen bedrohlich gestört.

Die folgenden zwei Jahre erlebt Mara wie eine unwirkliche Rundreise im Nirgendwo. Noch vor der Beerdigung wird sie von einem der ehemaligen Mitarbeiter von Papi und dessen Frau abgeholt – einem
jungen Ehepaar, dessen neugeborenes Töchterchen
sie mit Mami im Jahr zuvor besucht hatte. Mami
drückt sie fest an sich und flüstert nah an ihrem Ohr.
»Ich komme dich ganz bald besuchen; sei mein tapferes kleines Mädchen.«

»So kommst du eine Weile aus dem ganzen Trubel
hier heraus«, meint Lene und kann nicht aufhören,
an Mara herumzuzupfen, um ihren Abschieds-
schmerz zu verbergen. Sie selbst wird nur noch beim
Umzug von Vicky und Mara in eine kleine Wohnung
behilflich sein. Ihre jahrzehntelange Aufgabe in der
jüdischen Familie Benda ist zu Ende.

Sie würde von der neuen Gesetzgebung auch nicht
mehr toleriert: Juden dürfen keine Dienstboten mehr
beschäftigen. »Als ob Lene und Rotraut je als Dienstboten bei uns galten«, hat sich Vicky empört.

Mara lässt alles wie im Traum mit sich geschehen.
Seit sie verstanden hat, dass sie Papi für immer verloren hat, ist sie aus ihrem Leben herausgefallen.
Apathisch tut sie, was man ihr sagt, spricht kaum,
mag nicht essen, nicht lesen, nicht spielen. Solange
sie bei der jungen Familie ist – Wochen? Monate? –,
hütet sie am liebsten die kleine Susi, jedoch ohne eigenen Antrieb für gemeinsame Spiele.

Bei ihren Besuchen wirkt Mami gehetzt. Sie berichtet, dass Papis Bibliothek, die wertvollen Teppiche
und viele andere vertraute Dinge beschlagnahmt
worden sind; dass sie bald in einem sogenannten »Judenhaus« wohnen werden. Und schließlich: dass sie
selbst jetzt einfach froh sein muss, überhaupt arbei-

Vicky besucht Mara (rechts) bei einer der Gastfamilien.

ten zu können, um ihrer beider Lebensunterhalt zu verdienen.

»Und Du musst tüchtig essen, damit du gesund bleibst! Schau, die Menschen hier sind doch wirklich nett zu dir. Wir beide gehören natürlich zusammen – aber jetzt musst du auch weiter mein tapferes kleines Mädchen sein«, meint Mami aufmunternd beim Abschied und lächelt sie mit Tränen in den Augen an.

Es stimmt ja: Tatsächlich wird Mara von allen Menschen freundlich behandelt und ermutigt. Auch die nächste und übernächste Gastfamilie bemühen sich rührend um sie. Und der Alltag mit ihnen verläuft reibungslos, ereignislos. Um die Schule geht es schon seit Papis Tod nicht mehr, weil sie immer nur für begrenzte Zeit an einem der Orte lebt, wo ehemalige Mitarbeiter von Papi zuhause sind. Jüdische Schüler werden aus den Schulen gedrängt. Wenn sie dann wieder zuhause (»zuhause?«) bei Mami sein wird, wartet eine private jüdische Schule auf sie.

In ihrer letzten Gastfamilie im Sommer 1938 lockert sich erstmals Maras Leblosigkeit; langsam und zögernd öffnet sich die kleine Seele wieder. Zum Dorfhaus der Familie gehört ein weitläufiges Grundstück mit einem Gartenhäuschen. Dort darf sich Mara ein eigenes Zuhause einrichten. Was für ein Geschenk! Mit wiederkehrendem Elan und viel Gestaltungsphantasie verwandelt sie die alte Hütte in ein kleines Schmuckkästchen. Ob sie dabei schon ihr neues, noch unbekanntes Zimmer vor sich sieht, wenn sie selbstgemalte Bilder an die Wand heftet oder Platzdeckchen ausschneidet und auf dem alten Holztisch verteilt? Frische Zweige schmücken den Raum, als die Pflegefamilie auch Mami zur Einweihung einlädt und sogar einen eigens dafür gebackenen Kuchen mitbringt.

Mara ist wieder zuhause. Sie ist zumindest wieder bei
Mami. »Zuhause« fühlt sie sich in dem sogenannten
»Judenhaus« aber überhaupt nicht.
Die 4-Zimmer-Wohnung teilen sie mit Edith, einer
älteren jüdischen Krankenschwester. Mami scheint
sich gut mit ihr zu verstehen – vielleicht sieht sie in
ihr eine Art Oma. Mara zieht sich jedoch am liebsten
in ihre »Höhle« zurück; es ist der kleinste, wirklich
winzige Raum in der Wohnung, den sie sich auch als
Museum eingerichtet hat. Hier erinnert vieles an den
verstorbenen Vater. Der kleine Intarsientisch aus seinem Arbeitszimmer, auf dem meist einer der kostbaren Folianten aufgeschlagen wartete, dient ihr jetzt
als Schreibtisch; die elegant geschwungene Bücher-
treppe, die sich auf Rollen bewegen ließ und von der
aus die obersten Fächer der Bücherregale erreichbar
waren, ist eigentlich viel zu groß für den kleinen
Raum. Aber der von jeher geliebte »Fahr-Stuhl« bietet
ihr Sitz- und Leseplätze bis fast an die Decke. Statt
ihres Kinderbetts aus Birnbaumholz steht eine
schmale Liege an der Wand, bedeckt mit einer von
Lene gehäkelten Decke, die früher über Papis Réca-
mière lag, auf der er manchmal über Mittag ruhte.
Zu ihrem Entzücken hat Mami ihr eine kleine Lese-
lampe auf ein Nachttischchen gestellt.
Mara ist nach ihrer Rundreise im Nirgendwo nicht
nur rund zwei Jahre älter und um einige Zentimeter
größer geworden. Ihre Kinderseele ist auf dem Weg
durch viele Dunkelheiten und Alpträume gegangen.
Mit dem Rückzug in ein inneres Schneckenhaus hat
sie eine Art unsichtbarer Bannmeile um sich gezo-
gen. Im Alltag zeigt sie sich aber aufmerksam im Gespräch, manchmal unerwartet schlagfertig.
Vicky fühlt sich ihrem entfremdeten Kind gegenüber

verunsichert, ein nicht Benennbares trennt sie voneinander. Dabei ist Mara sogar einige Male am Sonntag zu ihr in das neue breite Bett geschlüpft, fast so
wie früher. Doch nicht einmal die geteilte Wärme unter der Daunendecke vermag die unsichtbare Eisschicht zwischen ihnen aufzutauen.

Inzwischen hat Rotraut geheiratet. Zum Leidwesen
von Lene ist ihr Schwiegersohn ein überzeugter SA-
Mann, der auf der Karriereleiter unbedingt weiter-
will. Deshalb ist ihm die Treue von Lene zu Vicky
Benda ein Dorn im Auge. Neulich hat er nun Rotraut
und Lene befohlen, den Kontakt zum »Judenhaus«
abzubrechen – mit Rücksicht auf seinen Aufstieg, der
auch ihnen Vorteile bringen werde. Ein weiterer Abschied. Wieder ein Verlust für Vicky und vor allem
für Mara: ihre geliebte Lene!

Am wohlsten fühlt sich Mara jetzt in der jüdischen
Schule. Jungen und Mädchen sitzen gemeinsam in
den Klassen, immer zwei Jahrgänge zusammengefasst. Es wird gelacht, gelästert, Unfug getrieben mit
der Zwanglosigkeit, die normal ist für Sieben- bis
Neunjährige. Da es noch keinen ausgefeilten Lehr-
plan gibt, müssen die vier einander abwechselnden
Lehrerinnen und Lehrer ihr gesamtes Bildungswis-
sen phantasievoll zu einem Lehrstoff ausgestalten.
Der unkonventionelle Unterricht ermöglicht den Kindern, eigene Ideen und Initiativen zu entwickeln und
dadurch ihre Lust am Lernen zu steigern.

Nur morgens, bei Unterrichtsbeginn, liegt eine gewisse Spannung im Raum: Werden alle kommen?
Wenn jemand fehlt: warum? Heimlich außer Landes
gegangen? Abgeschoben? Erst wenn alle Kinder unversehrt anwesend sind, kann der Schulalltag seinen
Lauf nehmen.

Ein traumschöner Frühlingsnachmittag. Über der geschäftigen Industriestadt liegt ein Hauch beschwingter Heiterkeit, der sich auch in manchen Gesichtern wiederfindet. Vicky und Mara merken davon nicht viel. Sie sind in Eile, denn Juden dürfen nur zwischen 16 und 18 Uhr und nur in jüdischen Geschäften einkaufen. Manchmal liegen diese Läden recht weit auseinander und in der knapp bemessenen Zeit sind sie meist voll.

Immer wieder kommen die beiden an geschlossenen jüdischen Kaufhäusern und Geschäften vorbei, bewacht von uniformierten SA-Männern mit verschlossenen Gesichtern. An einem Laternenpfahl hängt ein großes Plakat, das in dicken Lettern verkündet: »Bei Juden haben gekauft:...«, und dann folgen Namen, Berufe und Adressen von Menschen, die es gewagt haben, den Boykott der jüdischen Geschäfte ihrerseits zu boykottieren – eine Form stillen Widerstandes, der sie einen hohen Preis kosten kann.

Plötzlich spürt Mara, wie sich die Fingernägel ihrer Mutter schmerzhaft in ihr Handgelenk bohren: »Du guckst da nicht hin! Auf keinen Fall!«

Vor ihnen verdecken ein paar Zuschauer eine Szene, die Mara den Atem stocken lässt: Bewacht von einem bewaffneten Uniformierten, kniet ein Mann in Sträflingskleidung auf dem Trottoir und schrubbt die Straße mit einer Scheuerbürste, die er immer wieder in einen Eimer mit Wasser taucht. Auf seinem Rücken ist ein Plakat befestigt: »Ich bin ein dreckiger Jude, der das deutsche Volk beleidigt hat.«

Als der Mann einen Moment lang Kopf und Oberkörper hebt, um sich zu strecken, erkennt Mara in ihm ihren liebsten Lehrer, Leo Elend, der seit Tagen nicht mehr in der Schule erschienen war.

Unwillkürlich will sie sich losreißen und zu ihm hin, doch Mamis Griff ist eisern und zieht sie in die entgegengesetzte Richtung.

Auf dem Weg nach Hause weint ihre Mutter. Unter Tränen versucht sie, Mara zu erklären, in welche Gefahr sie geraten wären, wenn sie ihrem Impuls nachgegeben und sich zu Herrn Elend bekannt hätte. Nicht nur sie beide, auch Schwester Edith, die gerade um ihre Ausreise nach England bangt, sie alle drei würden womöglich in die Sache hineingezogen. Maras Augen bleiben trocken, sie ist verstummt. Das Entsetzen und eine ohnmächtige Empörung begleiten sie in die Nacht hinein. Irgendwann reißt sie mit einer Schere das Inlett ihres kleinen Kopfkissens auf und wirft die Federn wie kleine Schreie in die kalte Dunkelheit hinaus...

Anderntags sitzt sie in der Schule schweigsam an ihrem Platz. Niemand erwähnt Herrn Elend: Alle vermissen ihn und ahnen Schlimmes. Auch Mara schweigt. Die Scham, der Klasse den verehrten und geliebten Lehrer in seiner Erniedrigung der Klasse zu erinnern, verschließt ihr den Mund.

In der Schule ist immer öfter die Rede davon, dass jüdische Kinder, in Gruppen zusammengefasst, mit Sammeltransporten »evakuiert« werden sollen. Wenn schon die Erwachsenen nicht ausreisen dürfen, will man wenigstens versuchen, die Kinder zu retten.

Ein ursprünglicher Plan der Jewish Agency hatte vorgesehen, jüdische Kinder nach Palästina in Sicherheit zu bringen, doch die britische Regierung, unter deren Protektorat Palästina steht, hatte abgewehrt, mit Rücksicht auf die arabische Bevölkerung wolle man keine weiteren Flüchtlinge ins Land lassen.

Als die Verfolgung in Deutschland immer schlimmer wird, erklärt sich schließlich auch England bereit, eine unbestimmte Anzahl von verfolgten Kindern aus Deutschland einreisen zu lassen. Diese sollen dann auf aufnahmewillige Familien verteilt werden, bis sie – wahrscheinlich in einem von den Eltern gewählten Drittland – bestenfalls wieder mit ihnen vereint sein könnten.

Schon als die Palästina-Pläne kursieren, erwägt Vicky, auf diese Weise wenigstens Mara dem willkürlichen Zugriff der Behörden zu entziehen. Doch bei den ersten Andeutungen wehrt sich Mara gegen den Gedanken einer erneuten »Aussetzung« mit einer Vehemenz, der Vicky nichts entgegenzusetzen weiß. Mara tobt regelrecht: »Du willst mich nur wieder los haben! Ich weiß ja, dass du mich gar nicht lieb hast, sonst hättest du mich nicht so lange allein bei fremden Menschen gelassen! Überall bin ich nur im Weg! Ich will lieber tot sein, so wie Papi!« Hemmungslos weinend schlägt sie die Tür hinter sich zu und schließt sich in ihr Zimmerchen ein.

Mara kann nicht wissen, wie es um ihre Mutter steht, das erfährt sie erst viel später. Vicky ist wie betäubt.

Vor ihrem inneren Auge sieht sie sich durch die vergangenen Jahre hetzen, getrieben und gehalten zugleich von dem einzigen Ziel, für Mara und für sich selbst einen Weg zu finden aus diesem riesigen »Gefangenenlager Deutschland«, um anderswo wieder ein menschenwürdiges Leben führen zu können. Was hat sie dafür nicht schon alles unternommen. Gleichzeitig war sie unermüdlich als Handlungsreisende unterwegs, um das nötige Geld zu verdienen, mit dem Firmenwagen einer ehemaligen Zulieferfirma ihres Mannes.

Auch das ist vorbei. Vor Tagen wurde ihr, der »Geltungsjüdin«, die Arbeitserlaubnis entzogen und von der Firma »mit Bedauern, auf Anweisung der Behörde«, gekündigt. Von nun an sind sie auf die Unterstützung jüdischer Hilfsorganisationen angewiesen. Die wenigen Wertsachen und Ersparnisse sind für den Start in einer besseren Welt vorgesehen.

Denn inzwischen plant sie die Flucht nach Schweden. Dort weiß sich Vicky mit ihrem Kind bei Willi, einem der beiden Brüder von Hugo, willkommen. Willi hat den Absprung schon früh mit einer Portion Glück geschafft und sich in Schweden ein neues Leben aufgebaut. Er freut sich auf sie. Doch die Flucht muss mit höchster Sorgfalt, ganz unauffällig angegangen werden. Die Geheimhaltung bis zum letzten Augenblick ist Voraussetzung für das Gelingen. Nicht wenige Flüchtlinge sind an minimalen Fehlern gescheitert und in Internierungslagern elend gestrandet.

Die Geheimhaltung ist für Vicky nicht einfach. Maras Spürsinn, ihre Beobachtungsgabe sind hoch entwickelt. Vicky steht ein Drahtseilakt bevor, wenn sie das Projekt geheim halten will, ohne Maras ungesichertes Vertrauen zu verlieren.

Kalt und grau ist es draußen. Dabei hat der Oktober gerade erst begonnen. Auch in der Wohnung wird es nicht richtig warm. Mit den zugeteilten Briketts heißt es sparsam umgehen. Mara hat die Tischlampe von ihrem Schreibtisch auf einen Bücherstapel gestellt, um auf einer der oberen Stufen ihrer »Lesetreppe« genügend Licht zum Lesen zu haben: Weiter oben ist es etwas wärmer.

Doch sie kann sich nicht auf den Inhalt ihres Buches konzentrieren. Wieder und wieder steigen Bilder vom Vormittag in der Schule auf, noch immer pulsiert das dort verursachte Gefühlschaos in ihr weiter. In der zweiten Stunde geht plötzlich die Klassentür auf. Begleitet vom Schulleiter betritt Herr Elend den Raum. Der Schulleiter spricht ein paar Sätze, in denen Worte wie »glückliche Fügung« und »Rücksichtnahme auf den noch schonungsbedürftigen Zustand von Herrn Elend« vorkommen, doch Mara nimmt sie nur nebenbei auf. Ihre ganze Aufmerksamkeit gehört dem geliebten Lehrer.

Peinigend scharf gräbt sich ihr das Bild des Mannes, der da vor ihr steht, ins Gedächtnis: die zusammengefallene Gestalt, die sich um aufrechte Haltung müht; die zitternden Hände mit den schorfig-gerissenen Fingernägeln; die tief liegenden Augen, die scharf gewordenen Züge des Gesichtes. Schließlich, als Herr Elend zu lächeln versucht, sieht sie, sehen alle, dass die Vorderzähne fehlen. »Die Zähne haben sie in Buchenwald behalten«, versucht er einen makabren Scherz, »aber ich hoffe, dass ihr für eine Weile auch so mit mir vorliebnehmt.«

Mit langsamen Schritten geht er von Bank zu Bank, gibt jedem Schüler und jeder Schülerin die Hand, ohne Worte. Als er nach vorn zurückgeht zu der Kollegin, die erschüttert neben dem Pult stehen geblieben ist, stolpert Herr Elend über das Podest und schlägt der Länge nach hin. In der Klasse breitet sich ein Prusten und Kichern aus: Die Anspannung sucht sich ein Ventil. Auch Mara lacht und schluchzt zugleich. Schließlich hält es sie nicht länger an ihrem Platz – laut weinend läuft sie nach vorn und umfängt den Lehrer mit beiden Armen. Der streicht ihr immer wieder wortlos über den Kopf, nimmt schließlich ein Taschentuch von der Kollegin entgegen, trocknet ihre Tränen, lässt sie die Nase putzen, während er sanft ihre Arme von seinem Körper löst. Dann sagt er zu ihr und in die Klasse hinein: »Ich bin froh, wieder bei euch zu sein. Und nun lasst uns an die Arbeit gehen! Wir geben uns nicht auf.«

Das war am Morgen gewesen. Maras Augen lesen weiter. Doch der letzte Satz des verehrten Lehrers überschreibt jeden Satz in ihrem Buch: »Wir geben uns nicht auf« – wie soll das aussehen? Für ihn? Für sie, die Schülerin? Die Botschaft enthält ja eine beschwörende Aufforderung, die sie für sich selbst erst einmal buchstabieren muss.

Mara ist gerade zehn Jahre alt geworden. Im Ohr klingen ihr Lenes Worte aus den frühen Kinderjahren: »Jüdisch sein ist nix, wofür man sich schämen muss...« Sie geht hinaus in den Flur, stellt sich vor den hohen Spiegel, betrachtet sich mit nüchternem Interesse. Sie nimmt die Schultern zurück, richtet sich betont auf, hebt den Kopf und zeigt ein Gesicht, das all ihre widersprüchlichen Gefühle auf einmal spiegelt: Ratlosigkeit, Wut, Trotz, Entschlossenheit – und ganz hinten, in den Augen, eine tiefe, dunkle Sehnsucht. Brüsk dreht sie ihrem Spiegelbild eine lange Nase und wendet sich ab.

Lehrer L. Elend   Chemnitz, d. 5. 1. 39
Markgrafenstr. 11⁴

Liebes Ilschen!

Für all deine schönen und lieben Briefe, die Du mir seit Deinem Fortgang von hier geschrieben hast, danke ich Dir recht herzlichst, ganz besonders für Deine so nett gehaltenen Neujahrswünsche. Es war lieb von Dir, daß Du uns und unsere ehemalige Schule nicht so schnell vergessen hast. Auch ich habe Dich nicht vergessen und war sehr erfreut, dann und wann ein Lebenszeichen von Dir zu bekommen (...)

Der letzte Brief von Leo Elend an seine Schülerin. Im März 1939 setzte der 43-jährige Lehrer seinem Leben ein Ende.

Lärm steigt von der Straße hoch, drängt im dritten
Stock durch die geschlossenen Fenster der Wohnung,
wo Mara, Vicky und Schwester Edith beim Abendbrot
sitzen – gellende Pfiffe, Trillerpfeifen, Schreie, die
sich zu Sprechchören sammeln: »Judenpack! Juden
raus!« Nach und nach finden die Stimmen und die
harten Stiefelschritte zu einem gleichen Rhythmus,
werden lauter, drohender. Mami macht das Licht aus.
Alle drei gehen zum Fenster. Schwester Edith beginnt zu wimmern, als sie hinunterblickt: Eine unübersehbare Menschenschlange schiebt sich durch
die Geschäftsstraße. In Abständen sind Reihen von
bewaffneten SA-Uniformierten auszumachen, die der
nach links und rechts ausbrechenden Menge die
Richtung vorgeben. Etliche der Mitläufer sind mit
Stangen, mit Schaufeln und anderen Geräten ausge-
rüstet: Ein Gewitter klirrender Scheiben mischt sich
mit dem Dröhnen von Hammerschlägen, die den
Haustüren, vor allem aber den Eingängen zu den Geschäften gelten.
Durch sie, aber auch durch die geborstenen Scheiben
der Auslagen, drängt die Menge in die Geschäfte hinein, plündert, und immer wieder der Schrei: »Judenpack! Juden raus!«
Die beiden Frauen am Fenster haben in ihrem Entsetzen nicht bemerkt, dass Mara den Raum verlassen
hat. Mit eiskalten Händen und Füßen hat sie sich in
ihre »Höhle«, in ihr Bett geflüchtet – in voller Kleidung. Zitternd vor innerer Kälte versucht sie, das Ge-
sehene »irgendwie« einzuordnen. Sie ahnt, dass dieses Inferno keinen Höhepunkt in der Schmähung und
Verfolgung jüdischer Menschen darstellt, sondern
zum Signal für noch Schlimmeres wird.
Als ihre Mutter leise das Zimmer betritt, stellt sie sich

schlafend; sie kann jetzt nicht reden, kann auch ihr sorgenvolles Gesicht nicht anschauen. Gleichzeitig wünscht sie sich, in ihren Armen zu liegen und mit ihr zu weinen. In ihrem Zwiespalt gefangen, hört sie, wie die Tür leise zugezogen wird...

Draußen ebbt der zerstörerische Lärm nur langsam ab. Es wird weiter geplündert und randaliert, in entfernteren Straßen.

Mara wälzt sich durch eine unruhige Nacht. Am anderen Morgen erwacht sie früh. Es ist noch stockdunkel. Wind rüttelt an den Fenstern, sie kann nicht mehr schlafen. Will es auch nicht – sie will wissen, will sehen, was die Meute am Vorabend angerichtet hat. Leise schleicht sie sich erst ins Bad, dann in die Küche, greift sich dort einen Apfel und beim Hinausgehen den Kapuzenmantel von der Garderobe. So sacht sie kann, zieht sie die Wohnungstür hinter sich zu.

Das Treppenhaus ist eisig kalt. Und als sie auf die Straße tritt, fegt ihr der Wind ein großes Stück Pappe direkt vor die Füße.

Im trüben Licht der Straßenlaternen glitzert die von Scherben übersäte Straße wie eine Wasserfläche, auf der jede Menge Unrat liegt. Wachsam schaut Mara sich um. Nur einzelne Gestalten sind unterwegs. Sie bewegen sich mit gesenkten Köpfen, um den Scherben auszuweichen, auch weil ihnen der scharfe Wind mit nadelfeinem Schneeregen entgegentreibt. Am Horizont leuchtet ein rötlicher Schein auf, mal hinter einem Rauchschleier, mal hell auflodernd. Mara nimmt ihn als Wegweiser, geht ihm nach. Sie ahnt Schlimmes, läuft schneller, weiß bald instinktiv: Es ist die Synagoge, die da brennt!

Mara war nicht religiös erzogen worden. In ihrer Kinderwelt gab es einen jüdischen Papi, eine protestantische Mami und eine katholische Lene. Die meisten christlich-jüdischen Feiertage wurden einträchtig gefeiert: Es gab einen Weihnachtsbaum und Ostereier, am Jahresende nahm Lene sie mit zur Mitternachtsmette – ein überaus eindrucksvolles Schauspiel für Mara. Selten besuchte Vicky eine protestantische Kirche, noch seltener ihr Papi die Synagoge.

Allerdings hatte Mara mit etwa fünf Jahren darauf bestanden, Hebräisch zu lernen, weil sie gern selbst diese faszinierende Schrift entziffern wollte, die sie in einigen der alten Bibeln so faszinierend fand, wenn Papi vor ihr langsam Blatt um Blatt wendete. Dieser Wunsch hatte sie damals mit der Synagoge und ihren Nebenräumen in Kontakt gebracht: Ihr Lehrer war der dort amtierende Kantor gewesen, der aber bald darauf die Stadt verlassen hatte.

Als Mara sich vorsichtig der Brandstätte nähert, fühlt sie ihr Herz bis in den Hals klopfen. Die Szene ist in ein diffuses, vom Rauch durchwehtes Licht getaucht, eine Zuschauermenge, teils entsetzt schweigend, teils laut grölend, einige zielen mit Steinen auf den halb verschütteten Eingang der Synagoge, alle in sicherer Entfernung von einstürzenden Mauerresten. Polizei hält sich im Hintergrund. Die Feuerwehr ist nicht zu sehen.

Aus dem brennenden Gebäude tritt, unsicher hinkend, eine kleine männliche Gestalt in zerrissenen Kleidern, mit Blut im Gesicht und an den Armen. Mara erkennt den Rabbiner. Er hatte öfter zu Papis Besuchern gehört. Nun versucht er, mit beiden Händen mühsam die Thora-Rollen durch den beißenden Rauch zu tragen, als erst diese und dann auch er von Pflastersteinen getroffen werden. Er stolpert, stürzt, die Umstehenden johlen und schicken noch ein paar Steine nach. Als zwei Männer ihn dann mit Stiefeln treten und andere sich um die Thora-Rollen reißen, flieht Mara, in der sicheren Annahme, die Menge würde ihn vollends töten.

Erst sehr viel später erfährt sie, dass Rabbiner Hugo Fuchs schließlich erst in das Gefängniskrankenhaus gebracht, danach, auf Intervention eines Oberarztes

des städtischen Krankenhauses, dorthin verlegt und
von ihm in persönliche Obhut genommen wurde bis
zu seiner Genesung.

Mara irrt durch die Straßen, als wüsste sie den Weg
nicht mehr. Die Wucht des Gesehenen hat jedes Gefühl in ihr betäubt. Steif gefroren findet sie schließlich nach Hause.

Vicky erwartet sie in höchster Angst: Alle möglichen
Szenarien hat sie in Gedanken durchgespielt. Doch
als Mara sie wortlos, mit erloschenen Augen ansieht,
kommt auch ihr kein Wort über die Lippen. Sie gibt
dem Kind heißen Tee zu trinken, hilft ihr erst in ein
warmes Badewasser, frottiert sie, bis sie krebsrot ist
und packt die Willenlose anschließend ins Bett.

Mara wird krank. Ihr Körper flüchtet sich über viele
Wochen in eine schwere Grippe. Aus ihren Fieber-
phantasien fügt Vicky nach und nach die Wortfetzen
zu einem Bild der Erlebnisse zusammen.

Davon berichten wird ihr Mara erst viele Monate später, auch dann nur bruchstückweise. Tief, ganz tief
hat ihre Seele die Bilder und erlebten Gefühle des
Grauens verbannt. Im unbewussten Erinnern treiben
sie ihr Unwesen weiter. Lebenslang werden sie sich –
unerkannt in bizarren Masken und Verkleidungen –
in Maras Alltag mischen.

Nun also Berlin! Es ist ein frühlingswarmer Tag im März, als Mara eine freie Parkbank in der Mittagssonne für sich entdeckt.

Sie hat ein Buch dabei, doch ihr Kopf verweigert die nötige Aufmerksamkeit. In ihr schwirren die Geschehnisse der vergangenen Monate in einem Wirbel durcheinander, sie entziehen sich immer wieder ihren Versuchen, sie zu ordnen. Sie fühlt sich erschöpft, allein und maßlos traurig.

Nach der Pogromnacht mit ihren Nachwirkungen für Mara überstürzen sich die Ereignisse. Schwester Edith bekommt ihre Ausreisegenehmigung und hinterlässt ein freies Zimmer. Schon wenige Tage danach zieht Fred ein – ein ruhiger, hochgewachsener Mann, Jude natürlich, der sich als Jugendbekanntschaft von Vicky erweist. Wie zuvor Schwester Edith, gehört nun er zur Wohn- und Tischgemeinschaft.

An einem Sonntagmorgen hat Mara das Frühstück bereitet, um Vicky zu überraschen. Als sie Mami dazu holen will, trifft sie Fred mit ihr gemeinsam in Vickys Bett an. Unwillkürlich zieht sie die Tür wieder zu. Ihr ist, wie wenn sie ein Schlag ins Gesicht getroffen hätte. In der Augenblicksverwirrung kristallisieren sich deutliche Gefühle: tiefe Enttäuschung gegenüber Mami, der sie Verrat am geliebten Papi vorwirft, Empörung gegenüber Fred und seine »Anmaßung«. Für beide fühlt sie Verachtung und zugleich eine Eifersucht beim Gedanken, wieder einmal ausgeschlossen zu sein.

Ein ungeschickter Erklärungsversuch von Vicky macht alles noch schlimmer. Der betont kameradschaftliche Umgangston von Fred löst regelrechte Wut in ihr aus. Im hilflosen Versuch, sich überlegen zu zeigen, straft sie die beiden mit Nichtbeachtung.

Nach den schrecklichen Ereignissen der Pogromnacht betreibt Vicky energisch die Pläne für eine gemeinsame Flucht voran. Sie sehen eine Zwischenstation in Berlin vor bei der geschiedenen »arischen«
Frau von Willi, Papis Bruder. Mara erfährt nur, dass
Vicky in Berlin versuchen will, bessere Lebensmög-
lichkeiten zu finden.

Sie atmet auf – Fred kommt in diesem Plan nicht vor.
Von Schule ist seit ihrer Genesung nicht mehr die
Rede. So unauffällig wie möglich wird die Reise –
kein Umzug, wie Mara eingeschärft wird – nach Ber-
lin vorbereitet, und Anfang Februar 1939 verlassen
Mutter und Tochter die feindselige Stadt.

Und nun also Berlin. Mara blinzelt in die gleißende
Sonne. Was sie alles an Neuem erlebt hat in den ersten vier Wochen hier.

Da ist dieses schöne Haus, nahe am Bayerischen
Platz, mit dem schmiedeeisernen Aufzug. An der Tür
zur Wohnung steht noch immer »Willi und Grete
Benda«, obwohl Tante Grete sie seit Jahren allein bewohnt – genauer: mit ihrer Hausgehilfin Olga und
dem Setter Balko, der sich Mara sofort als Gespielin
erwählt. Die großen, hellen, ineinander gehenden
Räume bieten reichlich Platz, auch für sie beide, die
jetzt heimatlos sind. Mit ihren lautlosen Schiebetüren
und der großzügigen Einrichtung erinnern sie Mara
an das Zuhause ihrer Kindheit: Teppiche, Clubsessel,
gläserne Abstelltische und, vor allem, Bücher!

Auf der Parkbank in der Sonne fällt ihr auf einmal
die »Lesetreppe« ein: Auch die musste zurückbleiben,
wie so vieles, was sie mit Papi verbindet. Ihr Hals
wird eng... Vielleicht ist es ja gut, die Vergangenheit
auch räumlich zurückzulassen, in Schweden mit
Mami ein ganz neues Leben zu beginnen.

»Früher... Zuhause... Papi... die Kleine« – unwillkürlich reiht sich Bild an Bild vor ihrem inneren Auge,
wie begleitet von Fragen, von alten und neuen...
Was ist jüdisch? Schon ihr Vater hatte ihr dies nicht
wirklich beantworten können.
Damals hatte sie es als Makel empfunden, jüdisch zu
sein, etwas wie Lepra, eine abstoßende Krankheit.
Weil es sie schmerzte und ängstigte. Da sie diesen
Schmerz und viele Ängste in ihrem jüdischen Umfeld
wahrnehmen konnte, wurde ihr – wenn auch noch
undeutlich – bewusst, dass sie Teil einer Gemein-
schaft des Leidens war, ohne dass es eine Antwort
auf die Frage gab: »Warum?«
Mit ihren bald elf Jahren weiß sie: Jüdisch sein ist le-
bensgefährlich. Sie hat begriffen, dass sie zwar »mit
einem silbernen Löffel im Mund« geboren wurde,
aber durch ihre Geburt auch in eine tödliche Falle
geraten war. Und nicht nur sie, sondern auch Mami,
durch ihre Heirat mit Papi, durch ihre Treue zu ihm
und zu ihr, Mara, dem gemeinsamen Kind. Für Momente steigt ein heißes Gefühl von Liebe und Zärtlichkeit für ihre Mutter in ihr auf.
Unvermittelt schiebt sich das Bild von Fred in den
Vordergrund und verdrängt die wohlige Nähe zu
Mami. Fred und Mami. Mami und Fred. Und sie,
Mara? Wo ist ihr Platz? Ganz sicher nicht im Bett, in
der Mitte, so wie einst, eingekuschelt zwischen den
Eltern. Und trotzdem irgendwo zwischen ihnen;
nicht als Verbindendes, nein – eher als Störfaktor
empfindet sie sich. Mara muss plötzlich weinen. Sie
gehört nirgendwohin. Sie ist übrig, entbehrlich, läs-
tig. Sie richtet sich auf und horcht auf das Vogelgezwitscher in den kahlen Zweigen.
Dann fällt ihr ein, dass Fred gar nicht mehr bei ihnen

ist. Allerdings Mami auch nicht; sie sei verreist, auf Arbeitssuche, hatte Tante Grete wiederholt. Wenn sie doch nur von den Erwachsenen eine klare Auskunft bekommen würde! Warum nehmen die sie nicht ernst? Sie versteht und bewahrt doch schon viel mehr, als die Großen ahnen.

Tante Grete zum Beispiel – Mara weiß inzwischen, dass sie trinkt. Und dass Olga aufpasst, dass Grete Benda nicht zu viel trinkt; das tut Olga einerseits im Auftrag von Onkel Willi und aus Treue zu ihm, aber auch in eigenem Interesse. Sie war schon in große Nöte geraten, als Grete sich einmal volltrunken aus dem Fenster stürzen wollte... Als Olga merkt, dass Mara von ihrer Tante heimlich als Botin zum Einkauf von Alkohol missbraucht werden soll, schließt sie mit ihr einen Pakt. Mara soll möglichst lange für den Einkauf unterwegs sein; in der Zeit würde sie, Olga, dafür sorgen, dass Tante Grete den Auftrag vergisst. Wie, das bleibt ihr Geheimnis.

So kommt es, dass Mara oft über Stunden nicht im Haus ist und auf eigene Faust das Straßenleben von Berlin ebenso erkundet wie die wunderschöne landschaftliche Umgebung der Riesenstadt. Dafür verwendet sie – ohne Gewissensbisse – das für den verbotenen Einkauf der Alkoholika mitgegebene Geld: schließlich zu Tante Gretes Bestem...

Eines Tages entdeckt Mara den Wannsee für sich und verliebt sich auf der Stelle. Olga hatte ihr erzählt, dass man dort Stunden verbringen könne, ohne sich auch nur eine Minute zu langweilen. Wahrscheinlich wäre sie nicht einverstanden – und Tante Grete sowieso nicht! –, dass sie so allein mit der S-Bahn so weit hinausgefahren ist. Doch Mara bewegt sich ganz unbefangen auf ihren Erkundungswegen, sei es zu Fuß oder mit U- und S-Bahn. Sie weiß, dass die Kinder ihres Alters an den meisten Tagen zur Schule gehen müssen, während sie sich herumtreibt. Doch die früh eingeübte Wachsamkeit hat sie bis jetzt immer rechtzeitig vor drohenden Kontrollen gewarnt.

Nach Möglichkeit meidet sie Kontakte mit Erwachsenen, wählt immer wieder andere Wege und Gegenden für ihre Ausflüge. Fast immer hat sie ein Buch dabei, und wenn sie von Olga oder Tante Grete gefragt wird, wo sie war – nun, dann war sie meist im Park und hat gelesen...

Hier am Wannsee ist es an diesem Vormittag im April wirklich wunderschön. Wie verzaubert steht sie am glitzernden Wasser, zieht die Schuhe aus und geht einige Schritte in den See. Doch der ist noch recht kalt, und so trocknet sie die Füße gern wieder im warmen Sand. Langsam schlendert sie weiter, sucht ein Plätzchen, um zu lesen. Da hört sie plötzlich eine halblaute Stimme aus dem lichten Waldstück hinter ihr, die sie ruft.

Als sie sich umdreht und hinschaut, sieht sie einen Mann, halb versteckt, der an seiner Hose nestelt und ihr mit einem Augenzwinkern sein Glied zeigt. Gebannt und angeekelt zugleich sieht Mara, wie er es ihr entgegenstreckt und es dabei rhythmisch zu reiben scheint, während er immer näher auf sie zukommt. Noch bevor sie die heraufziehende Panik richtig spürt, wird ihr Ekelgefühl so stark, dass sie sich umdreht und wegläuft. Und läuft. Bis sie völlig außer Atem ist.

Noch nie hatte Mara einen nackten Männerkörper gesehen. Sie erlebt es als monströsen Einbruch, gerade in ein so selten gewordenes Glücksgefühl wie an diesem Sonnentag. Bisher war Sexualität in Maras Leben noch kein eigenes Thema. Nur verschwommen gehört es in die Beziehung von Mann und Frau, war bis dahin verdeckt in Wörtern wie lieb haben, kuscheln oder schmusen.

Der Himmel ist immer noch zartblau, und die Frühlingssonne wärmt das Ufer. Doch der so beglückend begonnene Tag hat seine Unschuld verloren.

Mara fährt direkt zurück und vergräbt sich, wortkarg, in »Robinson Crusoe«, den sie sich aus der reichhaltigen Bibliothek von Onkel Willi herausgegriffen hat.

Dieser Bücherschatz erinnert sie an Papis Riesenbibliothek, an den Geruch der alten Folianten, an ihre gemeinsamen Lese- und Erzählstunden. Am liebsten würde sie sich hineinleben in all diese Geschichten, sich entführen lassen aus dem »Warteland«, wie sie ihre äußere und innere Unbehaustheit nennt. Wenn sie liest, erlebt sie Momente völliger Selbstvergessenheit und geliehenen Friedens.

Und wieder wird alles anders! Nur wenige Tage nach ihrem Wannsee-Erlebnis bringt ein Telegramm die Hiobsbotschaft von Onkel Willis plötzlichem Herztod in Stockholm. Tante Grete wälzt sich in Schreikrämpfen, bis Olga einen Arzt mobilisiert, der sie ruhig stellt. Auch Olga ist völlig verstört: Wer weiß schon, wie jetzt alles weitergehen wird?

Als Vicky eintrifft, wirkt sie zwar traurig, aber bemerkenswert gelassen. Ohne viel Aufhebens übernimmt sie in den folgenden Wochen die Regie. Onkel Willi wird in Stockholm eingeäschert und auch dort beigesetzt. Tante Grete muss nach einem Selbstmordversuch in die Psychiatrie eingeliefert werden, wo ihr wenig später ein dritter Versuch offenbar gelingt. Mara ist zwar geschockt, vermisst jedoch die wenig präsente, immer etwas unheimlich wirkende Tante nicht.

Ihr dämmert, dass sie und Mami nur noch kurze Zeit ihr »Asylrecht« hier behalten werden. Zusammen mit Olga löst Mami die Wohnung auf. Dabei bezieht sie aber, anders als früher, Mara mehr ein, bei anfallenden Arbeiten und Besorgungen und auch im Blick auf eine gemeinsame Zukunft.

Vicky erzählt ihr – unter dem Siegel absoluter Verschwiegenheit, auch Olga gegenüber – dass ihr Ziel ab jetzt Belgien heißt. »Wieso sollen wir jetzt nach Belgien gehen, Mami?«

»Weißt du, Fred ist es gelungen, eine Route für uns auszukundschaften, auf der wir sicher nach Brüssel gelangen können. Er selber ist ja schon länger über diesen Weg nach Brüssel gekommen und hat dort auch eine Unterkunft für uns gefunden...«

Mit einem Schlag erfasst Mara ein ganzes Netz bisher verborgener Zusammenhänge. Die Verbindung zwi-

schen Mami und Fred hat also auch nach ihrer Über-
siedlung nach Berlin immer weiter bestanden. Womöglich hatten die beiden von Anfang an Belgien und
Brüssel als gemeinsames Ziel anvisiert? Und nun
sollten sie also dort weiterhin zu dritt zusammenleben? In einem fremden Land, in dem es keinen Onkel Willi geben würde? Erscheint ihr Mami deshalb
so wenig erschüttert über seinen Tod, weil ihre Wünsche und Pläne schon früher in eine andere Him-
melsrichtung zielten?

Mara geht auf die Suche nach einem Atlas... Belgien:
ein recht kleines Land, direkt angrenzend an
Deutschland, Hauptstadt Brüssel. Ganz in der Nähe:
Köln. Ist Mami in den letzten Wochen nicht einmal
in Köln gewesen? Sicher hat sie sich dort mit Fred
getroffen. Vor Mara tut sich eine große Leere auf. Im
ursprünglichen Sinn des Wortes fühlt sie sich mutterseelenallein gelassen, ja als Opfer eines Kom-
plotts. Sie kann nicht ausdenken, dass das Ganze ja
auch ihrer eigenen Rettung dient.

Sie muss dringend die völlig veränderten Perspekti-
ven für sich allein ordnen. Unbemerkt zieht sie sich
dafür auf den Dachboden zurück.

Aus der kleinen Dachluke kann sie weit über die
Stadt schauen, nimmt aber kaum etwas von dem
wahr, was die Augen sehen. Immer mehr scheinbare
Sicherheiten stürzen in sich zusammen.

Noch ist es nicht ganz dunkel, als Vicky mit Mara vor dem Bahnhofsgebäude in Aachen in die Fahrerkabine des klapprigen Lastwagens klettert, müde von der langen Zugfahrt von Berlin-Zoo bis hierher. Der Fahrer ist schweigsam, sein Gesicht verschlossen. Er wird sie zu einer Zwischenstation ihres Fluchtweges bringen. Mehr hat Mara nicht erfahren, allem Betteln zum Trotz.

Je weniger sie wisse, desto unbefangener könne sie sich bewegen und desto weniger könne sie sich selbst und andere gefährden, hatte Vicky ihr Stillschweigen begründet. Beide haben wenig gesprochen im Zug. Nach eindringlicher Ermahnung, ihre Reise, geschweige denn die angetretene Flucht im Gespräch auch nur zu streifen, hat sich Mara in ihren Phantasien umso lebhafter bewegt. Im Stillen hat sie dem Unternehmen »Flucht« die Überschrift »Abenteuer« verpasst. In dieser Abenteuerwelt überspielen Winnetou, Sagenhelden, Trotzkopf, Albert Schweitzer, Jeanne d'Arc, Lene und andere Figuren in dramatisch wechselnden Situationen und Landschaften die beklemmende Monotonie dieser Reise ins Ungewisse.

Die Stadt haben sie hinter sich gelassen, es ist Nacht geworden. Der Wagen rumpelt über löchrige Straßen, in einem fremden Ort hält er vor einem Haus. Der Fahrer schaltet die Scheinwerfer aus, springt aus der Kabine, läutet an der Haustür und wechselt kurz ein paar Worte mit der Frau, die ihm geöffnet hat.

Er winkt den beiden Reisenden, rasch auszusteigen, stellt ihr Gepäck auf die Straße, schwingt sich ohne ein Wort des Abschieds wieder hinter das Steuer und fährt ins Dunkel.

Vicky und Mara werden mit ihrem Gepäck ins Haus

hineingezogen, die Tür hinter ihnen wird verriegelt. Erst jetzt begrüßt sie ihre Gastgeberin, eine abgearbeitete bäuerliche Frau, wortkarg, aber nicht unfreundlich. Sie verpflichtet die Neuankömmlinge zu absoluter Ruhe und unauffälligem Verhalten, einer Art Nichtvorhandensein.

Mara wird sie insgeheim die »Kerkermeisterin« nennen in den kommenden Tagen, wenn sie ihnen das bescheidene Essen bringt und den Kellerraum beim Verlassen wieder abschließen wird...

Als Vicky und Mara den schwach beleuchteten Raum betreten, sehen sie, dass er bereits drei Bewohner beherbergt: ein jüngeres Paar und eine weißhaarige Frau. Alle drei machen ihnen bereitwillig Platz, lesen wohl in ihren angespannten Gesichtern die eigene verborgene Angst vor der unüberschaubaren Situation.

Flüsternd werden erste kurze Berichte ausgetauscht. Das junge Paar wartet seit fast einer Woche in dem »Verlies« auf seinen Schleuser. Das helle, sonnige Wetter und die mondhellen Nächte erlauben keine Durchquerung der Gefahrenzone. Die stille alte Dame ist seit gestern hier. Als Vicky den restlichen Reiseproviant auspackt, spürt Mara, wie hungrig sie ist. Dankbar lächelt sie die »Omadame« an, als sie von ihr ein kleines Stück Schokolade geschenkt bekommt.

Schon bald wird das Licht von außen abgeschaltet. Mara kuschelt sich in eine der beiden ihr zugedachten Decken und versinkt fast sofort in verworrene Träume.

Die folgenden Tage erlebt Mara als Gefangenschaft. Sie leidet unter dem Schweigegebot, der Enge des Kellerraumes, der geringen Bewegungsfreiheit und dem dämmrigen Tageslicht, während draußen die Junisonne neckische Muster durch das Gitter über dem Kellerfenster brennt.

Sie darf sich dem Fenster nicht nähern. Doch Mara sieht Füße über das Gitter laufen: große, schmale, plumpe, kleine hüpfende Kinderfüße in Sandalen. Und sie malt sich aus, wie wohl die Menschen aussehen, die zu den Füßen gehören, wohin sie gehen, was sie denken oder tun würden, wenn sie von ihnen, den Gefangenen, wüssten...

Sie beginnt, die Erwachsenen im Raum zu hassen – ihre Fügsamkeit, mit der sie alle Einschränkungen ertragen. Dass auch sie nach außen das gleiche stoische Verhalten zeigt, fällt ihr gar nicht auf.

In ihr Mini-Gepäck (»Du musst alles selbst tragen können, vielleicht über eine weite Wegstrecke!«) hatte Mara Jules Vernes »Reise um die Erde in 80 Tagen« geschmuggelt, dazu eine kleine Weltkarte, um den Reiseweg verfolgen zu können. Bis Kalkutta ist sie Phileas Fogg und seinem Diener Passepartout schon gefolgt.

Doch hier, in diesem Keller, sind sogar ihre Gedanken gefesselt. Ihre sonst so lebhafte Phantasie kreist um die vier Erwachsenen, um ihre geflüsterten Gespräche und die wechselnden Mienenspiele. Die »Omadame« hustet, was sie mühsam zu unterdrücken sucht. Vicky gibt ihr Hustentropfen und Lutschbonbons. Das junge Paar schmiegt sich schweigsam aneinander oder versucht, die schleichende Zeit zu verschlafen.

Nur wenn sich der Schlüssel in der Tür dreht, richten

sich alle Augen erwartungsvoll auf die »Kerkermeisterin«. Wird sie endlich eine erlösende Botschaft bringen oder nur schweigend einen Topf mit Essen oder eine Kanne mit »Blümchenkaffee« und einige Marmeladenbrote hinstellen? Immerhin hat sie Mara schon einmal mit einem kleinen Lächeln einen Apfel zugeworfen. Als Mara ihn auffängt, stolpert sie in der Enge über das junge Paar, das seinerseits Vicky umwirft. Die unbeabsichtigte Komik beschert der kleinen Gesellschaft einen Moment entspannender Heiterkeit. So entsteht auch der spontane Beschluss, die Zeit durch gemeinsames Spielen zu beleben... »Ich sehe was, was du nicht siehst«, »Koffer packen«, »Rate, rate, was ist das?«, vertrackte Fragen für die Erwachsenen, lustige kleine Rechenaufgaben für Mara. Über dieses improvisierte Spielen kommen die Menschen im Keller einander näher, halten die erzwungene Nähe leichter aus.

Eines späten Abends steht die »Kerkermeisterin« in der Tür, legt den Finger auf die Lippen und winkt dem jungen Paar: sie mögen sich beeilen, ihr »Schlepper« ist gekommen, sie abzuholen.

Beinahe lautlos, aber mit spürbar starken Gefühlen verabschieden sie sich voneinander. Das Wissen um die Lebensgefahr, um die unfassbare Grenze zwischen Scheitern und Gelingen dieses nächtlichen Abenteuers, lässt alle Worte ungesagt.

Im Dunkel der Nacht schicken die Zurückbleibenden den beiden ihre Wünsche als Schutzengel nach.

Drei Tage und zwei Nächte schon rauscht ein warmer Sommerregen fast unablässig vom Himmel.

Die Anspannung der drei Menschen im Keller war immer noch gestiegen: Wer würde zuerst abgeholt werden, die »Omadame« oder Vicky und Mara? Inzwischen wissen sie, dass Brüssel das gemeinsame Ziel aller ist. Die einzelnen Gepäckstücke stehen bereit: Alle drei haben einen Rucksack und einen mehr oder weniger schweren Koffer. Auf dem kleinen Koffer von Mara liegen zwei Streifen Leukoplast.

Mara hat sich nämlich am Husten der »Omadame« angesteckt, und der muss unhörbar bleiben beim Durchqueren der Gefahrenzone »Niemandsland«. Die Leukoplaststreifen werden ihr deshalb den Mund verschließen. »Es wird nicht lange dauern«, tröstet Vicky.

Seit dem Vortag ist das primitive Klosett immer häufiger besetzt, damit alle unverzüglich dem Wink der »Kerkermeisterin« folgen können, wenn das Geräusch des Schlüssels hörbar wird.

Und endlich ist es so weit! So leise wie möglich verlassen die drei Flüchtlinge das Haus, Mara zuletzt, denn die »Kerkermeisterin« steckt ihr noch zwei Äpfel zu und drückt sie kurz an sich. Verwirrt und ein bisschen beschämt lässt sich Mara vom Fahrer des kleinen Lieferwagens auf die Ladefläche heben und schlüpft schnell unter die Plane. Mami und die »Omadame« drücken sich in die Fahrerkabine.

Das Geräusch des Regens und der Räder übertönt Maras Herzklopfen. Angst mischt sich mit Abenteuerlust, sie spürt ein unbändiges Verlangen nach freier Bewegung.

Als der Wagen hält, erwartet sie schon der nächste Schleuser, der sie bis zur belgischen Grenze lotsen soll. Der Wechsel vollzieht sich in Schweigen und völligem Dunkel. Mamis Hände zittern, als sie Mara den Mund verklebt und ihr dann noch schnell einen Kuss auf die Wange drückt.

Der »Lotse« geht einige Schritte voraus und trägt den Koffer der »Omadame«, die sich bei Vicky einhängt. Vicky trägt mit der freien Hand ihren eigenen Koffer. Mara wird mit Winken bedeutet, sich dicht hinter den Beiden zu halten, ja nicht zurückzubleiben.

Eintönig und unablässig strömt der Regen, überdeckt das leise Geräusch ihrer Schritte. Manchmal erschreckt das Auffliegen eines Vogels die Flüchtenden. Ein lautlos kreisender Scheinwerfer wirft in regelmäßigen Abständen Strahlenblitze ins Unterholz.

Von Zeit zu Zeit bleibt der Trupp stehen und horcht in die Nacht: kein verdächtiger Laut... Wie lange sind sie wohl schon unterwegs? Im Dunkel verliert sich die Zeit.

Plötzlich gibt etwas unter Maras Füßen nach. Zweige knacken, sie strauchelt, lässt den kleinen Koffer los, rutscht in eine Tiefe. Sie merkt, dass sie in einem Wasserloch steht und ihre Füße immer tiefer in den Schlamm sinken.

Gelähmt, hilflos, mit verklebtem Mund steht sie in dem Loch. Vor Schreck pinkelt sie, spürt das körperwarme Nass und um sich die Kälte von Regenwasser und Schlamm. Sie darf nicht rufen, um die anderen nicht zu gefährden. Sie zittert am ganzen Körper. Wie lange sie so verharrt, weiß sie nicht.

Aus dem Dunkel trifft sie Mamis Schrei: »Mara! Wo bist du, Mara?!« Dann eine barsche Männerstimme – und wieder Mamis verzweifelter Schrei: »Ma-a-a-ra!« Plötzlich wird es scheinwerferhell um sie herum. Befehle werden laut, eine Autotür wird zugeschlagen,

ein Motor heult auf, im Schlamm durchdrehende Räder, ein Lärm, der sich rasch in der Ferne verliert.
Dann nähern sich Stimmen, sie hört Kommandos, und der grelle Schein von Taschenlampen trifft Mara in ihrem Schlammloch. Uniformierte Gestalten, Gewehre, bellende Hunde. Bis einer der Männer ungläubig auflacht:»Da ist ja ein Kind drin! Ach du liebe Neune! Ein Mädel! Und den Mund ham'se ihr verklebt!«
Die Hunde werden zurückgenommen. Die Männer machen sich daran, Mara aus ihrem Gefängnis herauszuziehen, doch der Schlamm hält ihre Füße in den Stiefeln fest.
Maras Blick trifft die Augen von einem der Hunde, der ihren Blick festhält. Ihr ist, als ob zwischen ihr und dem Hund eine Abmachung gelte. Der Hundeführer gibt Leine nach, das große, kräftige Tier kommt zum Rand der Grube und stemmt die Vorderpfoten fest in den aufgeweichten Boden. Die Männer stehen schweigend und schauen auf Mara. Die löst sich schwerfällig aus ihrer Erstarrung, legt dem Hund – immer noch Auge in Auge – die Arme um den Nacken, der Hund sucht Halt mit den Hinterpfoten, während seine Zunge Maras Gesicht ableckt. Dann greifen die Männer nach ihr und holen sie mit einem rhythmischen »1..., 2... und 3!« aus dem Schlamm – ohne Schuhe.
Zwei Uniformierte übergeben ihre Waffen den Kameraden und bilden mit ihren Händen eine Trage für Mara, die weiter zittert und mit den Zähnen klappert. Überwach registriert sie die veränderte Haltung der Männer ihr gegenüber, spürt bei ihnen so etwas wie Mitgefühl. Der Hund weicht ihr auch nicht von der Seite, als die Träger sie in einer beleuchteten Bara-

cke auf einen Stuhl absetzen; er leckt ihre Hand und
bohrt ihr seine Schnauze in den Oberschenkel.

Mechanisch fummelt Mara an dem Pflaster, reißt es
sich endlich mit einer heftigen Bewegung vom Mund,
der stark zu bluten beginnt. Ist es der plötzlich ein-
schießende Schmerz oder das Nachlassen der über-
großen Anspannung? Mara wird schwarz vor Augen,
sie rutscht vom Stuhl und verliert das Bewusstsein.

Mara erwacht in einem hellen, schmucklosen Raum mit mehreren Betten. Sie sehen unbenutzt aus, mit sauber gefalteten Decken und glatten Kissen. Eines der hohen, vergitterten Fenster ist geöffnet, es lässt Sonnenwärme und Vogelgezwitscher zu ihr herein.

Sie versucht, sich zu konzentrieren, die Verbindung herzustellen zwischen dem Jetzt in diesem stillen Raum und den Bruchstücken ihres Erinnerns. Da waren Mamis Schrei aus dem Dunkel, die Kälte im Schlammloch, dann die warme Hundezunge, die ihr das Gesicht leckt. Mühsam richtet sie sich auf, will aufstehen – doch wimmernd fällt sie zurück.

Erst nach Tagen kann sie auf den Füßen stehen und den Raum verlassen. Inzwischen hat sie erfahren, dass die Grenzer sie in ein nahes Lager für schwer erziehbare Jugendliche gebracht haben, wo die Krankenstation sie aufgenommen hat, »vorläufig«, wird ihr gesagt, bis man weiß, was mit ihr weiter geschehen soll...

Das Heim umfasst mehrere Gebäude auf einem großen, von Mauern umgebenen Grundstück. Es gibt nach Alter und Geschlecht getrennte Gruppen. Mit ihren zehn Jahren gehört Mara zur Gruppe der Jüngsten. Im Schlafsaal und bei der Gartenarbeit wird sie stets mit älteren Mädchen zusammengespannt.

Manches erinnert Mara an die beiden Jahre nach Papis Tod, als sie kein Zuhause mehr hatte und sich immer wieder auf eine neue Umgebung, neue Menschen einstellen musste.

Doch anders als bei den wechselnden Familien damals weckt der militärisch-strenge Tagesablauf, der ständige Befehlston der »Betreuer« – Mara nennt sie insgeheim Wärter – Angst und Beklommenheit in ihr.

Immer wieder wird sie heimgesucht von Bildern und Geräuschen aus den vergangenen Wochen. Brechende Zweige, der rauschende Regen auf einer Plane, Räder auf löchrigen Straßen; dazwischen leise Stimmen, Waldgeruch, Hundeaugen, Wannsee-Glitzern, Schmerzblitz beim Abreißen des Heftpflasters, und immer wieder: Mamis Schrei und das Zuschlagen einer Autotür. Sie bewegt sich in diesen Bildern wie in einem Irrgarten – ruhelos bei Tag, wirr träumend in den hellen Sommernächten.

Mit fast schmerzhafter Deutlichkeit registriert sie die Menschen, die sie umgeben, horcht hinter die Worte, sucht nach den »Gesichtern hinter den Gesichtern«. Mit unauffälliger Freundlichkeit ist sie bemüht herauszufinden, auf welchen Wegen die anderen Kinder hier gestrandet sind. Freiwillig ist niemand hier.

Nie wird Mara im Einzelnen erfahren, über welche verschlungenen Wege ihre Entlassung schließlich erwirkt wurde.

An einem leuchtenden Septembermorgen wird sie aus der Schulstunde heraus zum Chef der Einrichtung beordert. Der eröffnet ihr, dass sie zunächst nach Berlin »überstellt« werde. Dort würde dann eine »geordnete Ausreise nach Belgien im gesetzlichen Rahmen der Familienzusammenführung« vorbereitet. Die Abreise nach Berlin sei für die erste Oktoberwoche vorgesehen.

Mara verlässt das Büro wie im Traum. In den langen vergangenen Wochen hatte sie alle Zukunftsgedanken im Keim erstickt. Nun brechen die Fragen auf einmal auf. Wann? Wohin? Zu wem? Wie lange? Wie wird sie dann nach Belgien, nach Brüssel, kommen? Was heißt »im gesetzlichen Rahmen«? Sie hat gehört – es war auch Thema einer Schulstunde –, dass Deutschland jetzt im Krieg gegen Polen steht. Was heißt das für sie in Berlin und Mami in Brüssel?

Sie kann jetzt nicht zurück in den Unterricht. Es interessiert sie einfach nicht mehr, welche Verbesserungen der deutsche Einmarsch in Polen der armseligen Bevölkerung dort bringen soll.

Sie rennt hinaus in den sonnigen Park – was ohne ausdrückliche Erlaubnis verboten ist –, breitet die Arme aus und stellt sich dem stürmischen Herbstwind entgegen, der schon Blätter vor sich her treibt. Plötzlich fühlt sie sich frei. Ihr ist, als ob sogar die großen Kohlköpfe im Gemüsegarten sie anlachen.

Als sich Anfang Oktober tatsächlich das schmiedeeiserne Tor der Anstalt hinter dem Auto schließt, das sie zum Bahnhof bringen soll, ist Mara gerade elf Jahre alt geworden. An ihrem Geburtstag hat sie eine

Bescheinigung über »einwandfreies Verhalten« und eine Tafel Schokolade bekommen. Außerdem ist ihr beim Abschied gesagt worden, sie werde »unter dem Schutz vom Deutschen Roten Kreuz reisen« und in Berlin von Verwandten abgeholt werden.

Die Fahrt dauert lange für Maras Ungeduld. Als sie den Fahrer fragt, wie weit das Heim denn von Aachen entfernt sei und wie eigentlich sein offizieller Name laute, seufzt der nur mit einem halben Lachen und meint: »Ach was – lass am besten das Ganze hinter dir. Vergiss es! Du fährst ja jetzt zurück ins richtige Leben – mach's gut!« Dann hebt er sie mit einem Schwung aus dem Auto mit den hohen Rädern, packt das verschnürte Paket mit ihren paar Habseligkeiten und führt sie in den Bahnhof, wo eine weiß gekleidete Schwester vom DRK sie in Empfang nimmt. Mit einem strammen »Heil Hitler« verabschiedet er sich, winkt ihr jedoch noch extra mit einem freundlichen Augenzwinkern nach.

Beklommen und erwartungsvoll zugleich lässt sich Mara ein Namensschild umhängen, auch wird ihr ein Päckchen mit Reiseproviant in die Hand gedrückt. Die freundliche, zugleich energische Schwester übergibt sie einem Schaffner und ermahnt ihn streng, gut auf das Kind zu achten und es in Berlin persönlich den abholenden Verwandten oder dem DRK zu übergeben. Auch sie verabschiedet sich mit dem »Heil Hitler«-Gruß.

Mara bekommt ihren Platz im Dienstabteil zugewiesen: »Da hab ich dich immer unter Kontrolle«, lacht der Schaffner und tätschelt ihr die Wange, bevor er das Abteil verlässt.

Wieder wird es eine lange Zugfahrt, fast ein ganzer Tag nach Berlin. Und doch ist diesmal alles anders für Mara. Neugierig läuft sie durch die Gänge, ohne Furcht vor den vielen mitreisenden Soldaten in Uniform: Diesmal ist ja alles »legal«, in Ordnung mit ihr! Allerdings hat ihr der Schaffner das Umherstreifen im Zug verboten, wegen der Kontrollen.

Er hatte ihre Papiere von der DRK-Schwester übernommen und trägt sie bei sich. Im Abteil ist Mara meist allein. Zu den mehrfachen Kontrollen, jeweils durch einen Bahnbeamten und einen Soldaten, kommt er jeweils dazu. Wenn die Kontrolleure sie ausfragen wollen, verweist er auf die »ordnungsgemäßen Papiere« und lotst die Männer aus dem Abteil.

Mara malt sich aus, wer sie wohl in Berlin abholen würde. Sie weiß, dass zwei Brüder von Mami mit ihren Familien dort leben. Ganz dunkel erinnert sie sich an einen kurzen Besuch mit Mami bei einem der Brüder und an dessen Sohn, wenig älter als sie, der sie damals heimlich gepiesackt hatte – keine gute Erinnerung.

Als der Zug endlich in Berlin einläuft, nimmt sie der Schaffner an die Hand und geht langsam mit ihr den halbdunklen Bahnsteig entlang zur Lokomotive, die noch vor sich hin dampft.

Mara ist die strenge Verdunklung gewöhnt, seit dem Beginn des Krieges Anfang September. Hier in dem riesigen Bahnhof wirken die aufblitzenden Taschenlampen in der dunklen Menschenmenge dennoch erschreckend, erinnern sie an das Erlebnis im Niemandsland.

Doch mit einem Mal hört sie, wie eine Frauenstimme ihren Namen ruft: »Marakind! Da biste ja, meine

Kleene! Na, Jott sei Dank, dass ick Dir jefunden hab
in det Dunkel!«

Mara landet in der Umarmung einer rundlichen
Frau, die ein bisschen nach kalter Oktoberluft riecht,
gemischt mit einem warmen Körperdunst: fremd,
aber irgendwie auch anheimelnd.

Nachdem der Schaffner noch den Ausweis der Abho-
lerin überprüft hat – Florentine Kraft heißt sie – übergibt er ihr Mara mitsamt ihren Papieren und dem
kargen Gepäck und lässt es sich »ordnungsgemäß«
quittieren, bevor er sich von seinem Schützling verabschiedet und zu seinem Zug zurückgeht.

Florentine Kraft, genannt Florchen, ist die Frau von
Vickys ältestem Bruder Wilhelm, der als gescheiterter
Abenteurer gilt. Nachdem sein brennender Wunsch,
Musiker zu werden, in seiner bäuerlichen Familie
auf völlige Ablehnung gestoßen war, hatte er sich als
junger Mensch zweimal auf ein Auswandererschiff
nach Amerika geschmuggelt und war zweimal von
der Polizei wieder heruntergeholt worden. Danach
versuchte er sich als Straßenmusiker. Da er eigentlich Pianist hatte werden wollen, scheiterte er auch
hier. Schließlich wurde er Straßenbahnschaffner,
lernte Florchen kennen, eine wie von Zille entworfe-
ne Figur aus dem Volke, gründete mit ihr eine Familie und gab am Wochenende sowie bei Festen abends
in einer Kneipe »den Mann am Klavier«.

Florchen ist es, die die Familie zusammenhält und
dafür sorgt, dass Wilhelms Verdienst nicht in der
Kneipe »verdunstet«. Und sie ist es, die sich angeboten hat, Mara bis zu ihrer Ausreise nach Belgien aufzunehmen. »Wat kann det Kind dafür, dass die Menschen heute keene Menschen mehr sind…?«

Fast vier Monate lebt Mara im Haushalt von Florchen und Wilhelm. In einer kleinen Wohnung im zweiten Hinterhaus, Nähe Nollendorfplatz. Beide sind Rentner. Wenn Mara aus dem Fenster schaut, sieht sie den Pausenhof der Mädchenschule, die sie »nur ausnahmsweise« aufgenommen hat, bis zum Zeitpunkt ihrer Ausreise.

Vom Schulleiter dort hatte sie zu hören bekommen: »Wir nehmen keine jüdischen Schüler auf; sie gehören einfach nicht zu uns und sie haben keinen guten Einfluss auf die anderen Schüler.« Mara kennt das Vokabular schon. Unauffällig tritt sie Tante Florchen auf den Fuß: Sie will sie vor unüberlegter Reaktion warnen, denn dass die Tante kein Blatt vor den Mund nimmt, wenn ihr etwas nicht passt, hatte sie rasch bemerkt, als bald nach ihrer Ankunft der Blockwart in die Wohnung kam, um ihre Papiere zu überprüfen. Florchen bügelte gerade, und Mara las ihr vor.

Florchens unerschütterliche Direktheit im Dialog mit dem Vertreter von Recht und Ordnung im Häuserblock machte ihr bleibenden Eindruck:

»Nur damit det klar is: Die Kleene hat keen Recht nich uff Lebensmittelmarken; wenn Se welche für ihr wollen, müssen Se Reisemarken für det Mädchen beantragen.«

»Solange ick zu fressen hab, braucht det Kind Ihre Marken nich. Können Se ja Ihr Klosett mit tapezier'n. Sind schön bunt, die Dinger.«

»Frau Kraft, überlejn Se man jut, wie Se mit mir redn: Ick müsste Ihnen ja schon lange anzeijn, so wie Sie keenen Respekt nich ham vor unsre Regierung – det wissen Se ja sicher!«

»Ach Jotte doch! Nu plustern Se Ihnen doch nich so uff! Als Se noch 'n Rotzlöffel war'n, hab ick uff Ihne

uffjepasst und den Arsch abjeputzt – und nu führ'n
Se Ihne uff wie Graf Bobby!«
»Is woll besser, wenn ick jehe, sonst muss ick Ihne
doch noch verhaften. Heil Hitler, Frau Kraft!«
»Ach, jehn Se doch zum Deibel!«
In der Schule geht es militärisch zu: Vor der ersten
Stunde Versammlung unter der Fahne; dabei wird
das Deutschlandlied und anschließend das Horst-
Wessel-Lied (»Die Fahne hoch…«) gesungen. Es wird
marschiert unter Absingen von Volks- und Marsch-
liedern, alle siegesbewegt (»Deutsch ist die Saar…«).
Es gibt Wettbewerbe im Sammeln von Altmetall, und
die Klassen stellen Transparente her mit Parolen wie
»Kohle sparen!« oder »Eintopf schmeckt und ist gesund!« oder »Feind in der Luft – Verdunklung!«.
Kameradschaft wird erwartet. Mara ist hilfsbereit,
aber zurückhaltend. In den Pausen liest sie oft,
schaut zugleich unauffällig den anderen bei ihren
meist wilden Spielen zu und sehnt sich nach einer
Freundin. Auch für die Kinder in den beiden Hinter-
häusern ist sie eine Fremde. Vom Ball- oder Versteck-
spiel in den Höfen und Hausfluren bleibt sie ausgeschlossen: Sie wird eher scheu gemieden, aber nicht
gehänselt.
Am liebsten streift Mara im frühen Winterdunkel
durch die belebten Straßen. Gespenstisch leuchtende
Punkte und phosphoreszierende Formen bewegen
sich überall, an schlenkernden Taschen, als Haar-
schmuck oder an Schuhschnallen. Es sind Leuchtzei-
chen, oft als kleine Schmuckstücke gestaltet; sie sollen die Menschen in Dunkelheit und Novembernebel
kenntlich machen und so unliebsame Zusammenstö-
ße vermeiden. Mara findet das lustig. Sie hat sich einen Schmetterling, ein Ausrufezeichen und ein Herz

erbettelt und trägt sie alle gleichzeitig, wenn sie im Dunkel unterwegs ist. Zuhause wartet dann Tante Florchen mit heißem Kakao und einer deftigen Stulle auf sie, trinkt selber Pfefferminztee dazu und erzählt Mara die neuesten Hitler-Witze, ganz leise, aber immer glucksend vor Vergnügen.

Zum Abschluss dann, mit strenger Stimme und rollenden Augen: »Pssssttt! Kein halbes Wort davon! Ooch nich zu Onkel Willem!« Den sieht Mara sowieso kaum. Morgens schläft er lange, tagsüber ist er unterwegs und abends ist er in seiner Kneipe zuhause ...

Im Januar 1940 liegen endlich die Papiere auf dem Tisch für eine »geordnete Ausreise nach Belgien im Rahmen des Gesetzes zur Zusammenführung getrennter Familien«.

Kopfschüttelnd und mit sarkastischen Kommentaren nimmt Tante Florchen zur Kenntnis, was alles nicht im Gepäck mitgeführt werden darf. Dann macht sie sich dran, den ziemlich großen Koffer für Mara sorgfältig zu packen. Mit ihren Textilmarken hat sie allerlei Wäsche- und Kleidungsstücke erstanden. Einiges hat sie auch selbst genäht.

Im Schutz von Tante Florchen, dieser Urberlinerin, hat Mara sich für eine kurze Zeit geborgen, ja geliebt gefühlt.

Als am Reisetag Mara und der schwere Koffer schließlich im Abteil untergebracht sind und sich der Zug in Bewegung setzt, lässt sie noch lange ihr Taschentuch aus dem Fenster flattern.

Und nun soll es wirklich wahr werden: Endlich wird sie Mami wiedersehen! Mara versucht, sich ihre Stimme ins Gedächtnis zu rufen, den Geruch ihrer Haut; sie bemüht sich, sich zu erinnern, was für Kleidung sie beide in der Nacht des Aufbruchs getragen haben – doch ihr fallen nur ihre eigenen Stiefel ein, die im Schlamm stecken geblieben waren... Es kommt ihr vor, als seien nicht etwa sieben Monate seit jener schlimmen Nacht vergangen: nein, es müssen Jahre sein...

In Köln muss sie in einen belgischen Zug umsteigen und vorher zur deutschen Zollkontrolle. Eine DRK-Schwester bringt sie in das Zollgebäude. Dort wird Mara schon beim Anblick der vielen Uniformen mulmig. Der Inhalt des sorgsam gepackten Koffers wird auf einem großen Tisch ausgeleert, und jeder Saum der Kleidungsstücke durchleuchtet. Auch sie selbst muss sich ganz ausziehen, und schließlich wird sogar der Darmausgang untersucht: Man könne in ihm ja geheime Botschaften oder Edelsteine zum Schmuggeln versteckt haben!

Ihretwegen muss der Zug warten. Deshalb wird sie am Ende der Tortur völlig aufgelöst und mit schlecht gepacktem, offenem Koffer einfach in den Zug bugsiert. Als der belgische Schaffner kommt, sitzt Mara schluchzend inmitten ihres Chaos im Vorraum. Der Mann spricht mit ihr flämisch. Davon kann sie sich einiges zusammenreimen. Vor allem packt er den Koffer wieder recht und schlecht so, dass er sich wenigstens schließen lässt. Dann setzt er sich zu ihr in ein Abteil, gibt ihr ein Taschentuch und reicht ihr die Schokolade, die ein mitfühlender Reisender ihr schenkt. Mara spürt: Hier ist sie in Sicherheit.

Sie weiß, dass sie nicht abgeholt werden kann, weil nicht genügend Zeit war, um Vicky zu benachrichtigen. So hat sie zwar eine Adresse, aber keine Telefonnummer. An Selbstständigkeit gewöhnt, lässt sie sich noch vom freundlichen Schaffner den Weg zur Wechselstube zeigen. Der begleitet sie sogar, trägt ihren Koffer bis zum »Bureau de Change« und verabschiedet sich dort von ihr, nicht ohne den Schalterbeamten über Maras unsichere Situation aufzuklären. Sie nimmt die fremden Scheine und Münzen entgegen und sucht nun mit ihrem schweren Koffer den Weg aus dem Bahnhof. Ein beleuchtetes Schild zeigt ein Auto und das Wort »Taxi«.

Als sie den Koffer aus dem hell beleuchteten Bahnhof in den dunklen Brüsseler Abend hinausschleppt, stürzt ein Taxifahrer auf sie zu, bemächtigt sich des Koffers, verstaut ihn im Wagen und fragt sie nach der Adresse.

Mara zeigt ihm den Zettel, der Fahrer lacht sie an, öffnet ihr die Wagentür, setzt sich hinter sein Steuer und fährt leise vor sich hin pfeifend los. Sie staunt über die hell erleuchteten Straßen, die vielen sorglos geschäftigen Menschen, beladen mit Einkäufen oder einfach so dahinschlendernd, dazu der verwirrende Verkehr. Ganz anders als im verdunkelten Berlin. Hier würde sie von nun an leben.

Schließlich hält der Wagen in einer breiten, von Bäumen gesäumten Straße. Mara bittet den Fahrer, den Preis auf einen Zettel zu schreiben und versucht dann, den Betrag aus den unbekannten Scheinen und Münzen zusammenzubringen. Der Taxi-Mann hat schon den Koffer vor die Haustür gestellt, zündet sich jetzt eine Zigarette an und schaut ihr gutmütig lächelnd zu. Schließlich zeigt er noch einmal auf den

Zettel, nimmt ihr zwei Scheine aus der Hand, legt dafür Restgeld-Münzen hinein und den Zettel mit dem Betrag dazu. Mara vertraut ihm und winkt dem Wagen vergnügt hinterher.

Mit heftig klopfendem Herzen läutet sie an der einzigen Glocke, die unter dem Schild mit der Aufschrift »Pension Albert« angebracht ist. Laut schellt es hinter der breiten Holztür. Wie eine Ewigkeit kommt es ihr vor, bis sich Schritte nähern. Die Tür öffnet sich vor einer hochgewachsenen jungen Frau, deren Mienenspiel ganz schnell von Verblüffung zu einem breiten Lächeln wechselt, das Mara willkommen heißt. Mit einer Hand zieht sie Mara ins Haus, mit der anderen holt sie den Koffer und ruft laut das Treppenhaus hinauf: »Madame Benda! Venez vite! Votre petite fille est arrivée!«

Schritte kommen eilig die Treppe herunter, halten auf dem letzten Absatz inne. Mutter und Tochter schauen sich an. Beide schluchzen und lachen zugleich, als sie sich in die Arme fallen. So stehen sie lange, wiegen sich hin und her, als wollten sie nie mehr voneinander lassen.

Die junge Frau des Hauses trägt den Koffer zum Zimmer im Hochparterre, das Vicky und Fred miteinander bewohnen. Seit Kurzem steht in dem Raum zusätzlich ein schmales Sofa, das abends umgewandelt werden soll in ein Bett für Mara.

Als beide das geräumige Zimmer betreten, steht Fred von seinem Stuhl auf; an einem kleinen Tisch hatte er gerade gelesen, das Buch liegt offen da, außerdem ein Schulheft und ein Wörterbuch: Fred lernt Französisch.

Er kommt auf Mara zu, streckt ihr die Hand entgegen und sagt: »Na endlich! Gut, dass du es auch hierher geschafft hast. Jetzt wird es dir auch wieder besser gehen, nicht wahr, Vicky?« Ganz selbstverständlich legt er Vicky den Arm um die Schulter und zieht sie an sich. Die Geste hat etwas Besitzergreifendes.

Mara fühlt sich plötzlich wieder allein. Und fremd.

Vicky zeigt ihr das winzige »cabinet de toilette«, keine Wanne, aber eine ordentliche Toilette und ein großes Waschbecken. Neben einem hohen, schmalen Regal ist ein elektrischer Wandstrahler montiert.

Mit Hilfe von Vicky packt Mara ihren Koffer aus, erzählt dabei, was sie beim deutschen Zoll in Köln durchmachen musste und von den Erfahrungen im Zug. »Deshalb ist der Koffer auch nicht mehr so toll verpackt, wie Tante Florchen es ursprünglich gemacht hatte«, sagt sie entschuldigend. Vicky ist einfach nur froh, dass Mara wieder bei ihr ist. Gerührt bewundert sie Florchens Nähkünste und ihre fürsorglichen Einkäufe für Mara.

Zum Abendessen trifft sich die Hausgemeinschaft im Speisesaal. Die meisten Tische sind schon besetzt. Als Mara, Vicky und Fred hereinkommen, wird heftig geklatscht.

Ein älterer Herr steht auf und bringt Mara, der Heldin des Tages, ein Glas Grenadine und den beiden Erwachsenen ein Glas Rotwein. Dann singen alle: »Hoch soll sie leben… dreimal hoch!« Vicky und Fred stoßen mit ihr an. Vicky strahlt. Fred unterhält sich mit den Tischnachbarn. Mara erlebt alles wie aus weiter Ferne. Sie kann gerade noch aufnehmen, dass die Gäste der Pension jüdische Flüchtlinge aus Deutschland und Österreich sind. So wird ihr die Anteilnahme und Erleichterung verständlich. Aber sie ist einfach nur noch müde am Abend dieses anstrengenden Tages.

In diesem Spätwinter 1940 ist es Mara, als ob sie auf einem anderen Stern gelandet wäre. Zwischen der Großstadt Berlin und der Großstadt Brüssel liegen Welten. Was ist es nur, was Brüssel so anders macht? Nein, nicht nur die Sprache, auch wenn die »Sprechmelodie«, die durch die Straßen läuft, anders klingt; es überwiegt das Französisch, aber Flämisch, eine Art Niederländisch, hört sie in Ämtern und Schulen sprechen.

Es ist eine andere Lebensart, von der die Stadt geprägt wird. Etwas Ungezwungenes liegt in der Luft. Hier ist es nicht so aufgeräumt wie in Berlin, nicht alles so pedantisch geregelt; es fehlt »das strenge Auge« einer permanent präsenten Obrigkeit.

Die Menschen bewegen sich unbekümmert, lachen, reden laut, atmen frei von Angst. Auch Mara.

Bei einigermaßen gutem Wetter sind Vicky, Mara und manchmal auch Fred unterwegs. Sie wollen in der lebensfrohen Stadt der nervösen Unruhe der Emigranten in der »Pension Albert« entgehen, die täglich auf ein »Affidavit« aus Amerika warten, eine Bürgschaft, ohne die sie ihre Reise nicht fortsetzen können.

An einem regnerischen Abend will sich Vicky noch schnell eine Schachtel Zigaretten kaufen und betritt mit Mara eines der vielen kleinen Geschäfte »Bar Tabac et Café«, wo Männer sich abends um einen übervollen Aschenbecher, mit einem »Petit noir« daneben, über Gott und die Welt ereifern.

Unter ihnen entdeckt Mara einen belgischen Soldaten in Uniform, mit Filzpantoffeln an den Füßen und einem Regenschirm, den er lässig, zwischen die Knie geklemmt, hält. Mara kann sich ein Prusten nicht verkneifen. Und das soll ein Soldat sein?! Ein Vaterlandsverteidiger in Pantoffeln?! Da hat sie aber ganz andere Bilder von Deutschlands Militär in Erinnerung. Sie ertappt sich dabei, wie ein Gefühl von Verachtung in ihr aufsteigt.

Diese Wahrnehmung verwirrt und beunruhigt sie zugleich. Was geschieht ihr? Hier lebt sie frei, ohne Angst, und etwas in ihr will zugleich stolz auf die deutschen Uniformierten sein, vor denen sie gerettet wurde...

Vielleicht wird ihr an jenem Abend zum ersten Mal die Widersprüchlichkeit ihrer eigenen Gefühle bewusst, etwas öffnet sich in ihr zu einer selbstkritischen Wahrnehmung.

Nur eine Woche nach diesem scheinbar banalen Erlebnis wird Mara eingeschult. Zu ihrem anfänglichen Entsetzen in die 3. Klasse der Grundschule, wo die Acht- und Neunjährigen sitzen. Doch bald lernt sie die ermutigende Unterstützung der Lehrerin schätzen, denn bei ihr lernt sie systematisch die Grundlagen der französischen Sprache. Schon im Herbst wird sie so weit sein, in die 5. Klasse zu springen. Und im Frühjahr 1941 hofft sie, den Übergang in das 6. Schuljahr zu schaffen, an dessen Ende dann die Aufnahmeprüfung für das »Lycée«, das Mädchengymnasium, ansteht. Die will sie unbedingt schaffen!

Im Halbschlaf meint sie von Hummeln zu träumen, sie liebt diese harmlosen Insekten, die sich mit ihrem honigglänzenden Pelz in die Blüten hineingraben. Doch das Brummen wird lauter, ein Dröhnen. Hört sie Explosionen? Mara springt aus dem Bett, ans Fenster. Fern über der Stadt erkennt sie Flugzeuge, immer mehr Flugzeuge, sie kommen näher.

Inzwischen sind auch Vicky und Fred am Fenster. »Also doch«, sagt Vicky nur. »Schnell anziehen, die Papiere und das Geld mitnehmen und ab in den Keller!« Geübt durch die Probealarme in Berlin hat Mara im Handumdrehen eine kleine Tasche gepackt und verlässt den Raum. Vor dem Speisesaal laufen und diskutieren die Leute wild durcheinander. Mara findet sich mitten im allgemeinen Schock und der Angst, welche die Menschen schon einmal ins Ungewisse getrieben hatte und die nun aufs Neue in allen wach wird. Sie hört eine Weile zu, dann wendet sie sich ab. Vom Büfett holt sie »Brioches« und »Baguettes«, auch Butter, Honig und Confiture, schenkt Kaffee ein und wartet, innerlich fiebernd, aber äußerlich ruhig, auf Vicky und Fred.

Fred wirkt hochgradig nervös, Vicky eher niedergeschlagen, aber beherrscht. Sie dankt Mara für die Vorbereitung des Frühstücks. Die beiden Erwachsenen essen kaum etwas, greifen dann zur Zigarette.

»Bis zuletzt haben wir an die Neutralität des Landes geglaubt«, seufzt Vicky bitter. Und jetzt sei Belgien unter der deutschen Knute, wie Polen auch, ergänzt Fred. »Ich will endgültig aus dieser Hölle raus«, schreit er unerwartet los und bekommt Zustimmung von allen Seiten.

Den ganzen Tag und darüber hinaus hält das Dröhnen der Flugzeuge an; vereinzelt fallen irgendwo

Bomben, und man hört die Flugabwehr über der Stadt. Nach und nach werden Zeichen wachsender Panik unübersehbar. Die breite Avenue vor der »Pension Albert« ist eine der Hauptrouten, die aus der Stadt führen. Unter einem strahlend blauen Himmel strömen ab Mittag unablässig abenteuerlich bepackte Fahrzeuge mit flüchtenden Menschen durch die Straßen in Richtung Westen, nach Frankreich. Immer wieder stehen Wagen im Stau, direkt vor ihrem Fenster im Hochparterre des Hauses. Wenn sie es öffnen, bitten die Abreisenden um dies und das, geben Horrormeldungen durch und wundern sich über die Menschen, die sich dem Treck nicht anschließen mögen. »Vous verrez ce qui vous attend, quand les boches vont arriver!«, warnen die Flüchtenden die Zurückbleibenden.

Fred scheint zur Flucht wild entschlossen. Auf der Landkarte sucht er die kürzeste Route nach Südfrankreich, um dann über die Pyrenäen an die spanische Küste zu gelangen und von dort... irgendwohin, wo er nicht mehr verfolgt wird, wo er wieder frei leben kann.

Vicky zögert. Noch einmal will sie weder Mara noch sich selbst einer ähnlichen Vorhölle aussetzen, wie sie sie beide im Jahr davor durchquert haben: zwei Einsamkeiten, seit der Pogromnacht bis vor gerade mal drei Monaten...

Und Mara? Für sie ist am wichtigsten: Wenn Fred die Flucht schafft, wird sie mit Vicky wieder zu zweit allein sein, nach dieser Geborgenheit hatte sie sich gesehnt. Alles, was dann kommt, verbucht sie unter »das Abenteuer geht weiter...«.

Es dauert nur Tage, dann ziehen nicht mehr nur Flüchtlingskolonnen Tag und Nacht durch die Ausfallstraße vor der »Pension Albert«: Die deutschen Invasoren beginnen mit der Besetzung von Brüssel.

An einem frühen Maimorgen prescht ein erster deutscher Kradfahrer hupend an den im Schritttempo fahrenden Flüchtlingswagen vorbei, gefolgt von weiteren Motorrädern. Aber die Straßen sind heillos verstopft.

Durch den Vorhang beobachtet Mara die Szenerie draußen. Wie gern würde sie das Fenster öffnen, doch dann würde sie von den Flüchtenden sofort mit Wünschen überfallen, die sie sich doch nicht erfüllen könnte. In ihr streiten sich Dankbarkeit für ihren momentanen Schutz vor dem Chaos draußen und der Wunsch, mit den Flüchtenden der Verfolgung und dem erwartbaren Terror zu entgehen.

Am Tag steigen die Menschen aus ihren abenteuerlich bepackten Wagen, versuchen etwas einzukaufen, sich irgendwo zu waschen, bitten am Fenster um Wasser, schützen sich mit aufgespannten Regenschirmen gegen die frühsommerlich heiße Sonne. Immer wieder drängen Militärfahrzeuge durch die Straßen, auch Panzer mit ohrenbetäubendem Dröhnen. Irgendwann kommen Offiziere auf Pferden und drängen sich zwischen die Flüchtenden.

Plötzlich hört Mara Schreie: Ein Pferd hat gescheut und reißt einen Mann um, der gerade mit einem kleinen Kind auf dem Arm aus seinem Auto aussteigen will. Das Pferd tänzelt und tritt mehrmals auf Vater und Kind. Maras Impuls, aus dem Fenster zu springen, um zu helfen, erlischt, als sie den Vorhang zurückreißt: Es wäre aussichtslos, auch nur bis zu den Verletzten zu gelangen. Schluchzend und in verzweifelter Wut schlägt sie sich mit ihren Fäusten gegen den Kopf. Zu nichts ist sie nütze! Schließlich sieht sie, wie Soldaten die beiden blutenden Verwundeten in ein Militärfahrzeug betten und sich einen Weg in eine Nebenstraße bahnen.

Auch ins Innere des Hauses hat das Chaos gegriffen: Vicky hat in einem nervenaufreibenden Disput mit Fred für sich und Mara entschieden, in Brüssel zu bleiben. Sie glaubt nicht daran, dass sie in Frankreich Sicherheit finden würden. Daraufhin machte sich Fred noch in der gleichen Nacht allein auf den Weg ins Ungewisse.

Das ist zwei Tage her, und jetzt fühlt sich Vicky von Fred alleingelassen, traurig und müde. Mara versucht, ihre Mutter zu stützen, ihr zu zeigen, dass sie es zusammen schaffen können, trotz aller Probleme.

Erst mit der Unterzeichnung des Waffenstillstandes in Paris am 22. Juni geben die meisten Fluchtwilligen aus Belgien die Hoffnung auf, irgendwo in Frankreich oder noch weiter entfernt Ruhe und Frieden zu finden. Jetzt sind es nur noch Einzelne oder kleine Gruppen, die unauffällig aus dem Stadtbild verschwinden.

Nachdem fast alle Ausländer die »Pension Albert« verlassen haben, stellt das Haus den Betrieb fürs Erste ein. Vicky und Mara müssen sich eine andere Bleibe suchen und finden Ende August in der Nähe ein preiswertes möbliertes Zimmer im Dachgeschoss eines vierstöckigen Hauses: Wasserhahn vor der Tür im Treppenhaus, Toilette zwei Etagen tiefer. Im Zimmer: ein Bett, ein Schrank, ein schmales Sofa, eine Kommode, ein Esstisch in der Mitte mit vier Stühlen. Ein großes schräges Dachfenster gibt den Blick frei über eine abwechslungsreiche Dächerlandschaft.

Hier werden sie also wohnen – wie lange? Alles ist aufs Neue vorläufig, ungewiss…

Mit der bescheidenen Unterstützung des Jüdischen Hilfskomitees müssen sie gut haushalten. Vicky kommt zu einem Nebenverdienst bei einem begüterten jüdischen Ehepaar, das wegen der Geburt eines kleinen Jungen die Flucht nicht gewagt hatte. Beide Eltern arbeiten vorerst weiter in ihrem florierenden Schmuckgeschäft.

Mara geht wieder in die Schule und schafft nach den Sommerferien den Sprung von der dritten in die fünfte Grundschulklasse. Auch wenn sie froh ist über ihren Erfolg, der Abschied von der lebensfrohen, zugewandten Lehrerin fällt ihr schwerer als gedacht.

Zudem hat sie immer noch damit zu tun, den Geschehnissen seit dem 10. Mai nachzuspüren.

Da war der Schock, vier Monate nach ihrer Ankunft in Brüssel schon wieder von ihren Verfolgern aufgescheucht zu werden; die Angst und gespannte Wachsamkeit der Hausgäste in der Pension, die sich auch auf sie übertragen hatte. Und Freds aggressive Nervosität, die Vicky bis zur völligen Apathie strapaziert hat. Und warum fühlt sie sich nach Freds Verschwinden eigentlich so verantwortlich für ihre Mutter? Die Erlebnisse um die Massenflucht finden sich in ihren Träumen wieder, vermischen sich in bizarren Szenen mit früheren Erlebnissen. Es sind Träume, aus denen sie morgens nur mühsam in einen neuen Tag hineinfindet.

Doch einmal in der neuen Klasse angekommen, entfalten sich unbeschwertere Seiten in ihr. Wie die meisten anderen Schülerinnen wirft sie die Mappe achtlos auf ihr Pult und rennt noch kurz auf den Hof, um mit den anderen Kindern Fangen oder Verstecken zu spielen und kommt lachend, außer Atem, wieder in den Klassenraum. Im Unterricht flüstert auch sie kichernd mit ihrer Banknachbarin, was sie aber nicht daran hindert, bei der Sache zu sein und meist tadellose Arbeiten abzuliefern. Schließlich will sie ja auf das Gymnasium! Hier fühlt sie sich leicht und hell, ein Kind unter den anderen Kindern. Wie durch ein Wunder sind alle belastenden Erfahrungen für Stunden außer Kraft gesetzt.

Wenn möglich bleibt sie nach dem Unterricht noch in der Schule, erledigt hier ihre Hausaufgaben. Anders als die Wohnung, ist die Schule vom Herbst an auch nach dem Schulschluss noch durchwärmt. Mara genießt die Stille in den weiträumigen Fluren, den »Schulgeruch«, den Schwatz mit den Putzfrauen – ein Stückchen normales Leben.

Im Küstenland Belgien zeigt sich der Winter weniger frostig als feuchtkalt und zermürbend grau. Doch der Winter will gelebt werden, Tag um Tag. Auch von Mara. Um sich dem Sog einer trübsinnigen Willenlosigkeit zu entziehen, nimmt sie sich vor, nach Ostern den Sprung in die 6. Grundschulklasse mit Bestnoten zu schaffen. Das würde ihr helfen, vor den Sommerferien die Aufnahmeprüfung ins Mädchengymnasium sicher zu bestehen. Ihr Wissensdurst und die Neugier auf immer weitere Horizonte helfen ihr dabei.

Im Verlauf des Frühsommers kommt sie – mehr zufällig – in Kontakt mit einer katholischen Mädchengruppe. In der Gruppe stellen die Mädchen Fragen nach Recht und Unrecht, diskutieren über Gott und die Welt. Es wird gestritten, aber auch geschwiegen, gebetet, gesungen und gelacht.

Manchmal machen sie gemeinsam einen Ausflug in die Umgebung. Louise, die junge Leiterin, wird für Mara eine beeindruckende Frau und wichtige Gesprächspartnerin. Schon länger warten Grundfragen des Lebens latent in ihr: Wo komme ich her? Wozu bin ich in der Welt? Wenn Menschen Geschöpfe Gottes sein sollen, wie kann Er es zulassen, dass sie einander verfolgen, quälen, töten? Wann ist denn Gehorsam gut, und wann ist er falsch? Und wer entscheidet das?

Zuhause versucht sie, mit Vicky die angerissenen Themen zu vertiefen. Doch Vicky mag sich nicht verwickeln lassen und lächelt nur müde: »Ach Kind, auf diese Fragen hat noch niemand befriedigende Antworten gefunden; wir Menschen müssen eben sehen, wie wir einigermaßen mit diesem Leben zurechtkommen – das ist schon kompliziert genug …« Seufzend zündet sie sich eine weitere Zigarette an und beginnt, Brot zum Abendessen zu schneiden.

Mara entwickelt eine neue Ernsthaftigkeit im Umgang mit ihren Fragen an das Leben. Die Innigkeit, mit der sich die katholischen Mädchen ihrem unsichtbaren Gott und der Mutter Maria anvertrauen, weckt ihre Sehnsucht nach dem verstorbenen Vater, den sie nun neu vermisst.

Mit ihm könnte sie reden, nach Antworten suchen. In ihren Selbstgesprächen sagt sie, zur eigenen Überraschung, nicht mehr Papi zu ihm: Sie nennt ihn nun Vater. Vicky zeigt sich geschockt, als Mara sie plötzlich mit »Mutter« anspricht: »Nanu, bin ich jetzt nicht mehr deine Mami?« Mara wird verlegen, kann nicht genau erklären, was gerade in ihr vorgeht, sagt schließlich, sie finde es einfach schöner.

Vicky findet das nicht: »Also, ›Mutter‹ – nein, bitte nicht. Meinetwegen: ›Mutti‹. Genau so mag Mara sie aber nicht nennen, kann dies aber nicht einmal sich selbst schlüssig erklären. Weil sie Vicky nicht verletzen will, vermeidet sie nun möglichst jede Benennung und sagt einfach ein langes »Du«, wenn sie Vicky anspricht.

Sommer ist's und Ferienzeit! Tatsächlich hat Mara die Aufnahmeprüfung ins Gymnasium geschafft. Sie fühlt sich befreit und auch stolz. Es kommt ihr vor, als sei sie ein ganzes Stück gewachsen.

Auch Vicky ist stolz auf ihre tatenfrohe und verlässliche Tochter. Zugleich sieht sie neue Sorgen auf sich zukommen: Das Gymnasium ist kostenpflichtig, eine Ausgabe, die sie sich absolut nicht leisten können.

Mara versucht sie zu beruhigen, sie wolle versuchen, selber etwas zu verdienen. »Und wenn ich das 1. Trimester gut bestehe, kann ich mich um ein Stipendium bemühen.« Vicky bleibt skeptisch und sorgenvoll.

Doch Mara wird tätig. An jedem Morgen dieser Sommerferien 1941 ist sie kurz nach 5 Uhr schon auf dem Großmarkt, wo sie beim Umladen von Obst, Gemüse und Blumen ihre Hilfe anbietet, die ohne viele Fragen angenommen wird. In den ersten Tagen macht sie reiche Beute an Obst und Gemüse. Als sie aber an jedem Werktag aufs Neue auftaucht, fangen die Händler an zu fragen. Und Mara erzählt ihnen freimütig, dass sie hofft, durch ihre Mithilfe etwas Geld für das teure erste Jahr am Gymnasium zu verdienen. Genauere Nachfragen umschifft sie weiträumig: Sie hat schon längst gelernt, so wenig wie möglich von sich preiszugeben. Da die Händler froh über ihre zupackende Mithilfe sind, bringt sie nun an jedem Werktag einen kleinen Verdienst nach Hause und meist noch ein Körbchen mit Naturalien dazu. Die Münzen wechselt sie immer wieder ein in Scheine, die sie sorgfältig in einem Reißverschlusstäschchen bewahrt. Zur Belohnung genehmigt Mara sich selbst und Vicky jede Woche einmal eine kleine Portion Eis. Vicky ist gerührt, auch wenn sie wohl lieber ein paar Zigaretten gehabt hätte.

Nach den Ferien eröffnet sich Mara eine völlig neue Schullandschaft. Wenn sie Vicky ihre Eindrücke schildert, benützt sie das Wort »erwachsen«. In den Räumen hängen keine selbst gemalten Kinderbilder mehr, statt Zweierbänken mit Pult hat jede Schülerin einen Tisch und einen Stuhl für sich, es gibt kein Pausengeschrei und kein Seilspringen. Die Mädchen sind gut gekleidet, viele von ihnen beinahe elegant.

In der Pause sitzen sie in einem gartenähnlichen Bereich und unterhalten sich, andere finden sich auf dem Sportplatz zu Ballspielen zusammen. Mara will nicht wieder Außenseiterin sein: Sie schließt sich den Ballspielerinnen an, ihre schnelle Reaktionsfähigkeit und ein Talent zur Improvisation machen sie beliebt. Von den Unterrichtsfächern interessieren sie am meisten Literatur, Latein und Biologie: Sie giert buchstäblich nach Wissen und Erkenntnis.

Weil inzwischen die Maßnahmen der Besatzer gegen die Juden zu greifen beginnen, entschließt sich Mara auf eigene Faust, die Direktorin der Schule ins Vertrauen zu ziehen. Bei der Anmeldung hatte sie Vickys Personalausweis vorlegen müssen. Damals hatte die Sekretärin gestutzt und die Direktorin offenbar informiert. Auf diese Information beruft sich Mara jetzt und trifft mit ihren Sorgen auf offene Anteilnahme und Hilfsbereitschaft für den Fall von Komplikationen. In Maras »carte d'identité«, dem Personalausweis, den sie als Staatenlose alle drei Monate kostenpflichtig verlängern lassen muss, ist der in Deutschland obligatorische zusätzliche Vorname »Sarah« eingetragen, der sie nun auch hier als Jüdin kenntlich macht. – Nach dem Gespräch fühlt sich Mara erleichtert und gestärkt. Sie nimmt sich vor, auch Louise, der Leiterin der Mädchengruppe, Bescheid zu geben.

Regelrecht verliebt hat sich Mara in die französische Sprache. Aus der Schulbibliothek bringt sie immer neue Bücher mit nachhause. Das Lesen bewahrt sie vor dem Gefühl der Einsamkeit.

Abends ist sie oft allein zuhause, wenn Vicky bei Familie G. das Baby hütet und nebenher die Wäsche der Familie bügelt. Überhaupt: Auch jetzt entwickelt sich nicht die von Mara ersehnte seelische Intimität zwischen ihnen. Selten nur durchbrechen persönliche Gespräche die alltagsbezogenen Themen, deren es freilich genug gibt. Schon allein der nasskalte Spätherbst bietet genügend Stoff: Die Zentralheizung bleibt ausgeschaltet, weil es an Brennstoff fehlt; der zweiflammige Gaskocher kann nur dreimal täglich für je zwei Stunden in Gang gesetzt werden. Mara hat Backsteine »organisiert«, die sie nach dem Gasgebrauch für die Essenszubereitung auf kleiner Flamme erhitzen, um am Tag die Füße und abends das Bett zu wärmen. Wie soll das erst in den langen Wintermonaten werden?

Maras kostbarster Besitz ist ein kleiner Radioapparat, den sie beim Abschied von der Besitzerin der »Pension Albert« mit dem Hinweis geschenkt bekommen hatte, er werde ihr helfen, die französische Sprache schneller zu lernen.

Mara ist mit jedem Tag glücklicher über dieses Geschenk. Es ist ihre Verbindung zu einer Welt jenseits des Besatzungsalltags und seinen Sorgen. Als sie eines Abends den englischen Sender BBC mit Nachrichten in deutscher Sprache entdeckt, ist sie elektrisiert. Natürlich ist es auch in Belgien inzwischen verboten, andere als deutsche und inländische Regionalsender zu hören. Von nun an packt Mara jeden Abend ihren Schatz in eine Decke und ihren Kopf mit dazu, um die so ganz anders lautenden Neuigkeiten aus England aufzusaugen. Manchmal steckt auch Vicky mit unter der Decke. In solchen Momenten genießt Mara die verschwörerische Nähe und wünscht, die Sendung möge nicht enden. Jetzt teilen sie ein Geheimnis miteinander, das verbindet!

Als sie eines Tages von der Schule nach Hause kommt und die Haustür aufschließt, empfängt sie der Hauswirt, als hätte er auf sie gewartet. Er winkt sie in die Küche seiner ebenerdigen Wohnung und schließt sorgfältig die Tür hinter ihnen.

Mara wird es ganz mulmig. Im Stehen erzählt er ihr, dass er ab nun zwei Zimmer an zwei Bauführer der »Organisation Todt« vermietet hat, eine Organisation für kriegswichtige Bauvorhaben der deutschen Wehrmacht. Die Männer würden nicht richtig hier wohnen, sagt er ihr, sie wollten sich einfach in ihrer Freizeit öfter mit ihren Freundinnen ungestört hier treffen und amüsieren. Er lacht und blinzelt ihr verständnisinnig zu.

Übrigens sei das auch eine Art Versicherung für die insgesamt fünf Juden hier im Haus, fügt er noch hinzu, als er Mara die Tür zum Treppenhaus öffnet; so komme niemand auf die Idee, dass hier Juden wohnen könnten. »Also, erklär das bitte deiner Mutter und beruhige sie! Wenn ich mit ihr rede, versteht sie ja kein Wort.« Sehr beruhigend kann Mara die Neuigkeit nicht finden. Aber als Asylsuchende haben sie kein Recht, Bedingungen zu stellen: Der Mann schützt sich auf seine Weise...

Fred!

Als Mara an einem andern Tag am späten Nachmittag von der Schule nachhause kommt und gerade den Schlüssel aus ihrer Mappe kramen will, tritt plötzlich ein Mann in ihr Gesichtsfeld. Für einen Augenblick setzt ihr Herzschlag aus. Sie meint, ein Phantom zu sehen, doch er ist es wirklich: Fred. Wie ein Strich in der Landschaft steht er vor ihr: die Haut wettergegerbt, bärtig, gealtert, mit wirrem Haar und gehetztem Blick. Er sieht aus wie ein Landstreicher. Wie unter Zwang öffnet sie die Haustür und lässt ihn eintreten, sagt nur leise: »Ganz oben.« Schwer nimmt Fred Stufe um Stufe, Mara bleibt hinter ihm. Noch bevor sie Einzelheiten kennt, ist ihr klar: Er ist geflohen und auf verborgenen Wegen hierher zurückgekommen.

Oben im Zimmer entspannt sich Fred. Er lässt den Rucksack von den Schultern gleiten, schaut sich um und lässt sich dann erschöpft auf das Sofa fallen. Noch immer haben sie nicht miteinander gesprochen.

Mara nimmt einen Henkelbecher vom Bord – Gläser haben sie nicht –, füllt ihn am Wasserhahn im Treppenhaus und bringt ihn Fred. Der nimmt ihn mit einem dankbaren Seufzer und grinst sie beim Trinken nachdenklich an: »Du bist ja inzwischen ein richtig großes, hübsches Mädchen geworden!« Mara lächelt gequält zurück, sie kann nicht denken, handelt wie ein Automat. Sie will nur weg. Allein sein. Sie zeigt Fred, wie er sich mit dem kalten Wasser waschen kann, sagt auch, er solle Vicky möglichst nicht erschrecken, wenn sie demnächst heimkommt. Sie selber müsse nochmals weg und käme etwa gegen 21 Uhr zurück.

Wie von selbst wählen ihre Füße den Weg zur nahe

gelegenen katholischen Kirche. Sie liebt die Stille des hohen Raumes inmitten des vorbeirauschenden Verkehrs. Hier kann sie gut bei sich sein. Der abendliche Gottesdienst findet gerade statt. Mara überlässt sich ganz der Liturgie und dem Singsang der Gemeinde. Sie spürt, wie sich die Schockstarre langsam löst und sie in eine uferlose Leere hinein entlässt. Ach, wenn sie doch darin verschwinden könnte...

Sie überdenkt die neue Situation. Es ist so gut wie sicher, dass Fred bei ihnen bleiben, mit ihnen zusammen wohnen wird. Wo sollte er auch hin? Bisher haben Vicky und sie so gelebt, als gebe es keine Maßnahmen, die ihre Bewegungsfreiheit einschränken könnten, obwohl die Ausweiskontrollen häufiger wurden und Juden das Verlassen ihrer Wohnungen zwischen 20 Uhr und 7 Uhr morgens untersagt war. Freds Gegenwart wird alle äußeren Abläufe schwieriger, gefährlicher machen.

Schwerer aber macht Mara ihr neu erwachter innerer Zwiespalt zu schaffen. Wieder werden sie zu dritt in eine intime Enge getrieben, das nimmt ihr schon jetzt die Luft zum Atmen. Und es wird sicher noch enger werden als in der »Pension Albert«, wo sich alle außerhalb des Hauses frei bewegen konnten und ein »cabinet de toilette« die Intimsphäre sicherte. Und was wird aus der zeitweilig immer wieder erreichten Nähe zu Mami-Mutter-Vicky werden, die ihr so kostbar war?

In der aufsteigenden Panik muss sie sich einfach bewegen! Draußen vor der Kirche ist es dunkel geworden. Rasch läuft sie nach Hause. Doch vor der Haustür verlässt sie der Mut, Vicky und Fred mit ihren ungeordneten Gefühlen gegenüberzutreten. Sie macht kehrt und läuft noch eine Runde um den Block.

Als sie ins Zimmer tritt, sitzen die beiden am gedeckten Tisch: Fred, gewaschen, rasiert und gekämmt in Vickys Morgenrock, Vicky mit verweinten Augen und einem Lächeln im Gesicht. Mara setzt sich zu ihnen, unsicher, aber erleichtert über die friedliche Stimmung. Offenbar berichtet Fred schon eine Weile von seiner Odyssee der vergangenen 15 Monate. An seiner Mimik, dem unregelmäßigen Atem und der häufig stockenden Stimme merken die beiden Zuhörerinnen, dass ihm Schlimmes widerfahren sein muss. Als schließlich alle drei ihren Platz für die Nacht eingerichtet haben und die kleine Lampe an Vickys Bett ausgeschaltet wird, hört Mara Fred leise schluchzen und stellt sich vor, wie Vicky ihn tröstend im Arm hält und streichelt. Sie nimmt sich fest vor, nicht eifersüchtig zu sein.

Frühjahr 1942. Der Kontrast zwischen Licht und Schatten in Maras Leben ist härter geworden.

Entsprechend den neuen Anordnungen muss Maras Personalausweis jetzt – zusätzlich zum fremdbestimmten Vornamen »Sarah« – den Buchstaben J eingestempelt bekommen. Sie weiß das und hat Angst. Verzweifelt versucht sie, mit einem feinen Messer aus dem S von Sarah ein Z zu machen: Sie schwärmt für Zarah Leanders Stimme. Und die renommierte Filmschauspielerin genießt ja das Wohlwollen der deutschen Regierung.

Bei einer der häufigen Straßenkontrollen durch die belgische Polizei macht ihr ein Polizist diskret, aber eindringlich klar, dass sie mit dieser Manipulation in Teufels Küche kommen könne. Maras Ängste steigen. Demnächst steht die Verlängerung des Ausweises an. Vicky weiß nichts von ihrer vermeintlichen Schutzmaßnahme; sie schlägt sich gerade mit eigenen Sorgen herum. Und die sind ebenfalls existenziell: Sie gelten der Sicherung des Lebensunterhalts für Kind, den Schicksalsgefährten und sie selbst.

Zwei Tage und schlaflose Nächte lang zermartert sich Mara den Kopf. Sie kommt zum Schluss: »Ich muss es alleine durchstehen.« Von Vicky weiß sie, dass man sich im Zweifel und im Dilemma möglichst an die »höchste Instanz« wenden soll.

Mit flatterndem Puls, aber fester Stimme meldet sich Mara beim Bürgermeister des Stadtbezirks an. Als sie angewiesen wird, ihr Anliegen – unter Vorlage des Personalausweises – schriftlich darzulegen, ist sie mit ihrem Mut am Ende. Sie bricht in Tränen aus, kann gar nicht aufhören zu weinen, wiederholt nur schluchzend immer wieder: »Je dois m'entretenir personellement avec Monsieur le Maire« (ich muss

persönlich mit dem Herrn Bürgermeister sprechen).
Ratlos begibt sich der Beamte schließlich zu seinem
Vorgesetzten, der ihn anweist, das Mädchen zu ihm
zu schicken.

Mara ist entschlossen, einfach die Wahrheit zu sagen.
Dennoch zittert sie, als der Bürgermeister ihr einen
Stuhl anbietet und sie dabei ruhig und aufmerksam
anschaut. Es gelingt Mara, zu schildern, aus welchen
Befürchtungen heraus sie ihren Versuch gestartet
hat, die Sarah in Zarah zu verwandeln. Etwas ver-
schämt erzählt sie auch, dass sie für die Stimme –
»aber nur für die Stimme« – der Schauspielerin
schwärmt. Während sie spricht, löst sich langsam die
angesammelte Spannung, und sie bringt sogar ein
Lächeln zustande.

Schließlich fragt ihr Gegenüber sachlich, was sie
denn nun von ihm erwarte. Da bricht es aus Mara
heraus: »Ich brauche einen neuen Ausweis! Einen,
mit dem ich mich normal bewegen kann – ich bin
doch auch ein normaler Mensch!«

Der Bürgermeister schaut sie lange an: »Du hast Ver-
botenes getan, und jetzt soll auch ich gegen Gesetz
und Verordnung verstoßen, mein Amt und mich
selbst belasten?« Nun ist Mara nicht mehr zu brem-
sen: »Belgien, hat uns aufgenommen, um uns zu
schützen, weil wir verfolgt sind. Sie sind doch ein
Belgier, da können Sie uns doch nicht einfach im
Stich lassen, sonst sind Sie ja auch ein Verfolger und
machen mit denen gemeinsame Sache!«

Auf einen solchen Ausbruch ist der Bürgermeister
nicht vorbereitet. Schwer steht er von seinem Stuhl
auf. Er werde darüber nachdenken, sagt er langsam
und lässt Mara nicht aus den Augen, als wollte er sich
ihr Gesicht und ihre Worte einprägen. »Komm mor-

gen um 14 Uhr wieder, dann werden wir sehen.« Er
entlässt sie mit einem Händedruck.

Draußen auf der Straße ist es Mara ganz schwindlig:
Was hat sie sich noch zusätzlich eingebrockt mit ihrem Appell an die Solidarität des Bürgermeisters! Zugleich spürt sie eine Kraft wie schon lange nicht
mehr. Nein – sie wird sich nicht widerstandslos in ein
Schicksal fügen, das ungreifbare Mächte über die Juden verhängt haben! Sie ist ein eigener Mensch, der
nichts anderes will, als nur leben und wachsen ohne
Angst, ohne Alpträume. Fast beschwingt läuft sie
durch die Straßen nach Hause.

Wieder schläft sie kaum in der Nacht. Zum Dilemma
zwischen Zweifeln und Hoffen hat sich noch eine Art
Schuldgefühl gesellt. Hat sie den Beamten nicht unter Zugzwang gesetzt mit dem Appell an seine Ehre
als Patriot, ihr helfen zu müssen, ohne Rücksicht auf
seine eigene Gefährdung? Dabei waren sie doch in
der katholischen Mädchengruppe am Ende einer en-
gagierten Debatte einstimmig zu dem Schluss gekommen, dass jeder Mensch seinem eigenen Gewissen verpflichtet ist und nicht von außen gezwungen
werden darf, sich in lebensbedrohliche Gefahren zu
begeben. Aber eigentlich ...

Am nächsten Tag klopft sie Punkt 14 Uhr an die Tür
zum Sekretariat des Bürgermeisters. Etwas beklommen tritt sie ein und wird sogleich in das eigentliche
Amtszimmer geführt. Dort wird sie mit Handschlag
empfangen. »Du bist mutig, Mara Benda«, sagt der
groß gewachsene Mann zu ihr. »Da muss ich ja wohl
auch mutig sein! Ich hoffe, dass es dir hilft und mir
nicht schadet. Hier ...« Er reicht ihr eine tadellos
neue »carte d'identité« – ohne »Sarah« darin.

Sprachlos schaut Mara zu ihm auf. Überwältigt fasst sie seine Hand und drückt sie an ihre Wange: »Merci, Monsieur, merci de tout cœur de votre solidarité«, flüstert sie und merkt, wie Tränen auf seine Hand laufen. Sie schämt sich nicht; zu groß sind ihre Erleichterung und ihre Dankbarkeit. Der Bürgermeister nimmt seine Hand von Maras Gesicht, greift nach ihrer Rechten und drückt sie lächelnd: »Wir haben jetzt ein Geheimnis miteinander und werden es niemand verraten – einverstanden?«

Er bedauert noch, dass er ihr leider keine länger gültige Gelbe Karte ausstellen könne für anerkannte, legal eingereiste politische Flüchtlinge. Wie bisher gelte ihre Karte jetzt für drei Monate: »Aber sie gefährdet dich nicht mehr beim bloßen Hinschauen. Und jetzt wünsche ich dir viel Glück und… behalte deinen Mut zur Wahrheit!« Damit ist sie entlassen.

Sie kann ihr Glück kaum fassen. Eine ganze Weile bleibt sie einfach vor dem Gebäude stehen und hält das Gesicht in die Sonne.

Ein neuer Sommer. Und wieder lange Ferien! Mara atmet auf. Wenn sie sehr früh am Morgen aufbricht zu ihrer Knochenarbeit auf dem Großmarkt, fühlt sie sich frei und leicht. Das dichte Zusammenleben in dem einzigen Zimmer lastet sicher auch auf Vicky und Fred; ob die beiden jedoch die körpernahe Enge ähnlich bedrohlich empfinden wie sie, wagt sie nicht zu fragen.

Vicky arbeitet inzwischen mit einem teuer bezahlten falschen Ausweis in der Höhle des Löwen: in der Küche des deutschen Offizierskasinos. Von dort bringt sie die Reste, die von den Tischen der Herren Offiziere abgeräumt werden, als Zusatznahrung nach Hause.

Fred hat weder Anrecht auf Unterstützung noch auf Lebensmittelmarken, denn er lebt bei ihnen nur unter der Bedingung des Hausbesitzers, sich nie aus dem Zimmer zu bewegen.

Im Grunde ihres Herzens leidet Mara mit den beiden Erwachsenen. Gegenüber Vicky empfindet sie Bewunderung und Respekt. Fred jedoch nimmt sie regelrecht übel, dass er zurückgekommen ist und nun ihr Leben mit der Mutter regelrecht erdrückt.

Wenn sie das kaum 20 Quadratmeter große Zimmer verlässt oder betritt: Fred ist da. Immer. Wenn Vicky von der Arbeit kommt, belegt er sie sofort mit Beschlag. In Mara wächst eine verzweifelte Wut, die sie vergeblich zu zügeln versucht. Dann rennt sie aus dem Haus in den nahen Park und reagiert sich ab bis zur Erschöpfung.

Im Herbst 1942 ziehen die Besatzungsbehörden das Netz um die jüdische Bevölkerung enger. Seit August werden täglich 200 bis 300 Juden ins Sammellager Mechelen eingeliefert, wo sie auf ihren Abtransport zum Arbeitseinsatz in Deutschland warten. Ihre Wohnungen werden beschlagnahmt und versiegelt. Bei Bedarf werden sie dem deutschen Quartieramt angeboten. Von der Aktion erfahren Mara und Vicky anfangs nur Bruchstücke, die im Flüsterton von Mund zu Mund gehen. Beide versuchen, sie vor Fred geheim zu halten. Doch bald schon wird die Meldepflicht öffentlich angeschlagen, mitsamt der Drohung, bei Nichterscheinen abgeholt oder auf der Straße aufgegriffen zu werden.

In ihrer Not beschließt Mara, sich Louise, der Leiterin der Mädchengruppe, anzuvertrauen. Doch dazu kommt es nicht. Beim nächsten Treffen erfährt sie, dass sich Louise, und mit ihr sieben der Mädchen im Alter von 16 bis 17 Jahren, einer Widerstandsgruppe anschließen und in Frankreich untertauchen werden. Alle Diskussionen darüber seien geheim geführt worden, teils auch gegen heftige Drohungen von Eltern der jüngeren Mädchen. Und nun sei es so weit: Noch in dieser Nacht soll es losgehen. Im Vertrauen auf die solidarische Verschwiegenheit der Restgruppe wollen sie heute miteinander um gutes Gelingen ihres Vorhabens beten. »Was habt ihr überhaupt für ein Vorhaben?«, fragt Mara nach langem Schweigen schließlich. »Wir werden versuchen, die Nachschubwege der Deutschen zu blockieren. Und das auf vielfältige Weise – aber das ist natürlich geheim. Klar.«

Bevor sie auseinandergehen, umarmen die Mädchen einander schweigend. Louise hält Maras Hand lange fest: »Du wirst deinen eigenen Weg finden, ganz bestimmt«, sagt sie ernst. Mara steht noch lange und horcht den Worten von Louise nach. Allein. – In wenigen Tagen wird sie 14 Jahre alt sein. Immer noch zu jung, um mit der Gruppe aufzubrechen in den Untergrund.

Als Mara eines Morgens die Treppe hinuntergeht, öffnet sich eine Wohnungstür im 1. Stock. Mühsam wird ein langes, offenbar auch schweres Paket, in Decken gehüllt, von zwei Männern in Uniform aus der Wohnung herausbalanciert.

Mara fällt ein, dass dort ja die von der militärischen Organisation Todt wohnen – auch die beiden Träger des unförmigen Pakets haben diese schwarze Uniform an. Doch nun starrt Mara entsetzt auf den Transport und bleibt wie erstarrt auf dem Treppenabsatz sehen. Der obere Deckenrand gibt den Blick frei auf einen Männer- und einen Frauenkopf, die Gesichter aneinandergeschmiegt. Der linke Arm der Frau umfängt den Hals des Mannes. Zwei tote Menschen.

Vom Hauswirt wird sie später erfahren, dass die beiden sich das Leben genommen hatten und sich in der Totenstarre nicht voneinander lösen ließen; auch kein Sarg konnte sie aufnehmen. Wie hypnotisiert folgt Mara den Trägern langsam und in einem gewissen Abstand die Stufen hinunter, obwohl einer der Männer ihr zuruft, sie solle oben bleiben. Aber angeblich versteht sie ja kein Deutsch. So hört sie, wie der andere auf den Rufenden einredet: »Ist doch egal … da kann sie gleich mal sehen, was das Leben so alles zu bieten hat.«

Als Mara schließlich aus der Haustür tritt, kommt ein weiterer Uniformierter auf sie zu und fragt im Befehlston: »Wohnen hier auch Juden? Juifs?« Mara: »Mais non, Monsieur, … vos collègues.« Sie verweist mit einem Lächeln, das sich für sie wie eine Grimasse anfühlt, auf die Toten. Die schweißnasse Hand um die Mappe gekrampft, geht sie in Richtung Schule.

Aufgewühlt sitzt sie auf ihrem Platz in der Klasse.

Vorn steht ihre liebste Lehrerin – sie unterrichtet
Griechisch und Philosophie, und heute lässt sie So-
krates und Plato vor der Klasse lebendig werden. Die
Schülerinnen sollen im Gespräch den Gemeinsam-
keiten und Unterschieden der beiden Philosophen
näherkommen.

Doch Mara ist unfähig, sich auf das Thema einzulas-
sen. Vor ihrem inneren Auge wird sie den Anblick der
aneinandergeschmiegten Köpfe nicht los: dunkles,
leicht gelocktes Frauenhaar und rötlichblonde Män-
nerstoppeln; einen merkwürdig steifen, grauweißen
Arm im Nacken des Mannes ... Plötzlich verändert
sich das Bild: Es ist Fred, der da aus dem Haus getragen wird. Mara erschrickt, was geht da in ihr vor? Sie
wünscht ihm doch nicht den Tod ... Sie will doch nur,
dass sie alle drei wieder freier leben können!

Und doch – es ist Fred, der ihr die Luft zum Atmen
nimmt, er ist es, Fred, der Klotz am Bein von Vicky,
die Verkörperung ihrer akuten gemeinsamen Gefahr.
Mara wünscht ihn einfach nur weg. Und sie weiß: Er
kann nicht weg. Dennoch ahnt sie, dass der Druck
für alle bald zu groß wird.

Der vierte Kriegswinter – für Belgien ist es »erst« der
dritte – lässt sich hart an. Die Versorgungslage ist in
allen besetzten Gebieten prekär, so auch in Belgien.
In langen Schlangen warten die Menschen vor den
Geschäften auf Brot, Milch, Kartoffeln oder auch auf
ein Stück Seife. An Gemüse gibt es fast nur noch
Lauch und Kohlrüben. Liefert irgendwo ein Lastwagen ohne Bewachung Briketts an, wird er von Pas-
santen gestürmt, die Säcke werden auf die Straße ge-
leert und die Briketts von den Menschen eingesam-
melt für den eigenen Ofen.

Auch Mara hat immer einen Behälter für solche und

ähnlich glückliche Gelegenheiten dabei. Da ihr Zimmer keinen Ofen hat, verkauft sie die Briketts oder tauscht sie gegen irgendetwas Brauchbares.

Sie sammelt eifrig Zigarettenstummel und dreht mit wachsender Fingerfertigkeit und Zeitungspapier neue, meist für Vicky und Fred. Was sie übrig hat, verkauft sie, um auf dem Schwarzmarkt ein paar Fettmarken zu ergattern.

Bisher haben sich alle drei erstaunlich stabil gehalten. Das kostbare Radio hat vor allem Fred vor dem »Stubenkoller« bewahrt. Oft tigert er auf Socken um den Tisch herum, macht Turnübungen. Seine ausführliche Nagelpflege bringt Mara fast zur Raserei.

Mara hat oft das Gefühl, nicht wirklich zu leben. Sie wartet. Wartet, dass sie die Backsteine wärmen kann, um endlich für eine Weile warme Füße zu bekommen; dass der Winter vorbeigeht; dass die Deutschen in Stalingrad besiegt werden; dass Vicky am Abend heimkommt. Sie wartet, dass dieses ewige Hungergefühl nachlässt, und beißt deshalb dauernd auf etwas Hartem herum: einem alten Brotkanten oder einem Holzspan. Sie wartet auf das Leben. Das richtige Leben... Und fragt sich, was das eigentlich sein könnte.

Schule findet in diesem Winter nur einmal wöchentlich statt – öfter kann nicht geheizt werden. Dann werden Hausarbeiten vergeben, eine Woche später mit den Lehrkräften besprochen und korrigiert.

Zuhause arbeitet Mara den Schulstoff im Bett durch, da friert sie wenigstens nicht, oder doch weniger. Außerdem hat sie nicht dauernd Fred vor Augen, denn in diesen Wochen flüchtet auch er immer öfter unter die Daunendecke in Vickys Bett.

Wenn Vicky heimkommt, darf erst einmal sie unter

die Decke, bis Mara und Fred aus Kommissbrot und dem mitgebrachten Resten der Kasinoküche eine Art Abendessen zusammengestellt und heißen Brombeerblättertee in die Tassen gefüllt haben.

Langsam, beinahe andächtig wird dann gegessen, wenig geredet. Fast immer ist Vicky sehr müde, möchte nur noch BBC hören, während – für Mara zuerst, danach für Fred – das genau ausgeklügelte Zeremoniell der abendlichen Waschungen und Vorbereitungen für die Nacht seinen Verlauf nimmt.

Manchmal gelingt es Mara, noch kurz mit Vicky zusammen den Kopf unter die Radio-Decke zu stecken, einen kostbaren Moment lang zweisame Nähe zu erleben…

Je mehr Zeit vergeht, desto mehr verzerrt sich die Situation. Oder ihre Wahrnehmung? Mara steht vor einem Schaufenster und sieht sich darin im Spiegel: Sie sieht das Furunkel unterhalb der Lippe, sie weiß und spürt schmerzhaft, dass sie noch einige an den Armen und Beinen hat. Sie sieht, dass sich der Bauch an der mageren Gestalt vorwölbt, denkt an die Krämpfe und Blähungen, die sie in den Nächten oft nicht schlafen lassen.

Sie sieht, sie weiß, sie spürt das alles, doch ihre Seele fühlt – nichts. Nur diese stumpfe, graue Leere.

Eine ungeheuerliche Sinnlosigkeit scheint in dem täglichen Kampf gegen Hunger und Kälte zu liegen. Wie eine Kruste legt sie sich über Denken und Fühlen.

Mara wendet ihre Schritte in Richtung Place Royale. Es ist ein nasskalter Tag im Dezember 1942. Sie hat sich zu einem Gespräch beim Pfarrer der evangelischen Kirche angemeldet. Hatte ihr Überlebensinstinkt sie bewogen, Hilfe gegen das langsame seelische Verhungern zu suchen?

Der Pfarrer empfängt sie in der Sakristei, ein eher zierlich gebauter Mann mit dezentem Bart, ruhiger Stimme und lebhaft blitzenden Augen. Er ist zugleich Dekan der protestantischen Fakultät der Freien Universität und dadurch heute in Zeitnot. Dennoch hört er Mara aufmerksam zu, als sie in kurzen Zügen ihre Geschichte und ihre aktuelle Situation schildert.

Behutsam fragt er nach, als sie zu ihrem Wunsch kommt, sich taufen zu lassen: »Was verbindest du denn mit deinem Anliegen für Hoffnungen?« Mara schweigt, überlegt; doch statt einer klaren Antwort überstürzen sich Bilder vor ihrem inneren Auge: Sie sitzt auf Papis Schoß, spürt dabei plötzlich eine brennende Sehnsucht nach seiner Nähe, seiner Stimme; sie sieht sich im Zimmer des Bürgermeisters, diskutiert mit ihm; dann tritt Louise ins Bild und bringt Fragen ins Gespräch, auf die Mara immer noch nach Antworten sucht... Schließlich, nach langem Schweigen, das Pasteur Schyns geduldig mit ihr teilt, antwortet Mara: »Ehrlich gesagt, kann ich es nur ungenau beschreiben; vielleicht ist es vor allem eine Sehnsucht nach Zugehörigkeit und auch nach Orientierung.« Sie erzählt ihm von der katholischen Mädchengruppe und von den aufgebrochenen Fragen.

Am Ende des ausführlichen Gesprächs schlägt Pasteur Schyns ihr vor, den im neuen Jahr beginnenden Vorbereitungskurs für die Konfirmanden zu besuchen, zur Einführung in die protestantische Kirchenlehre. Sie könne danach immer noch entscheiden, ob ihr momentaner Wunsch ihr dann eine klare Entscheidung ermögliche.

Mara meldet sich sofort an – allein durch seine väterliche Persönlichkeit und seine vorsichtig-einfühlsamen Fragen hat Pasteur Schyns ihr Herz gewonnen... Er kann ihr genau das vermitteln, was sie am dringendsten braucht: dass sie in ihrer Person als eigener Mensch wahrgenommen wird.

Am Abend berichtet sie Vicky in der kurzen traulichen Zweisamkeit unter der Radio-Decke von ihrem Entschluss. Vicky reagiert positiv überrascht, ja, mit einer selten gewordenen Interessiertheit: Ihr scheint plötzlich aufzugehen, wie einsam Mara ist. Sie sichert ihr zu, dass sie den Entschluss unterstützen wolle. Der Kurs soll im Januar beginnen.

Noch vor Weihnachten 1942 spitzt sich die Versorgungslage der Bevölkerung weiter zu. Die Besatzer geben jetzt so genannte Nothilfe-Scheine an besonders Bedürftige aus, die dazu berechtigen, an den Kasernentoren »überschüssige Lebensmittel« der Truppe abzuholen. Auf verschlungenen Wegen hat auch Mara einen solchen Schein für Essensreste ergattert. Widerwillig, aber angetrieben vom eigenen Dauerhungergefühl und Freds stichelnden Bemerkungen, macht sie sich zu früher Abendstunde auf nach Laeken, wo nahe dem königlichen Schlossbereich die Kaserne liegt, der sie zugewiesen ist. Im Schloss selbst lebt König Léopold III. »im Hausarrest«, als Gefangener der Besatzer in seinem eigenen Land. Vor dem Tor drängt sich schon eine Menschenmenge.

Maras Scheu, sich mit ihrer Bettelei vor den siegreichen Besatzern öffentlich selbst zu erniedrigen, wandelt sich zum puren Entsetzen, als die Menge beginnt, rücksichtslos gegeneinander das Recht des Stärkeren auszuspielen, zur Erheiterung der Soldaten. Geschockt wendet sie sich ab, ohne Anteil an der Beute.

»Zuhause« wagt sie nicht, ihre Abscheu, auch die aufkeimende Angst vor den Handgreiflichkeiten der Menge, als Grund für den leeren Topf in ihrem Korb anzugeben. Sie schämt sich, fühlt sich als Versagerin, als Feigling angesichts der Not im Haus. »Ich war einfach zu weit hinten; als ich dran war, gab es nichts mehr. Morgen werde ich früher hingehen«, sagt sie schließlich.

Das tut sie dann auch. Doch auch da schafft sie es nicht, sich genügend weit nach vorn durchzuboxen, um eine Portion Bratkartoffeln zu ergattern. Erst ein paar Tage später gelingt es ihr, einen großen Schöpflöffel Linsensuppe in ihren Topf zu bekommen, ihn sicher an den anderen Wartenden vorbeizutragen. Erleichtert, fast ein bisschen stolz, stellt sie den Topf zuhause auf den zweiflammigen Gasherd, ohne Deckel, damit der Essensduft ihrer aller Appetit noch richtig anregen kann, denn erst in einer Stunde wird das Gas wieder funktionieren...

»Na, ist dir auch mal gelungen, was beizutragen zur allgemeinen Hunger-Therapie?« Mit dieser sarkastischen Bemerkung nimmt Fred ihren Erfolg zur Kenntnis. Und plötzlich passiert es: Mit einem Schwung zieht Mara den Topf vom Herd und will Fred die Suppe ins Gesicht schütten – ein Knoten der gesammelten Aggressionen hat sich in ihr gelöst...

Nicht viel von der Linsensuppe aus dem schweren Topf landet in Freds erstarrtem Gesicht, tropft von dort auf den Boden. Mechanisch stellt Mara den Topf zurück. Beide stehen sich wortlos gegenüber, nur ihre Augen sprechen miteinander. Wie lange stehen sie so? Eine Ewigkeit, in der sie sich – vielleicht zum ersten Mal – gegenseitig wirklich wahrnehmen, womöglich sogar etwas verstehen...

Fast gleichzeitig lösen sich ihre Blicke. Fred horcht erst an der Tür, geht dann aus dem Zimmer zum Wasserhahn und säubert sich das Gesicht. Mara putzt inzwischen den Boden. Beiden ist klar: Vicky wird von dieser Szene nichts erfahren.

Ein Ausbruch aus der erzwungenen Selbstdisziplin, in der sie alle gefangen sind, könnte Vickys aufopfernde Belastbarkeit übersteigen. Beide, Fred und Mara, wissen es: Vicky ist ein wesentlicher Teil ihrer gemeinsamen Überlebenschance ...

Als sich im Winter das Wüten der Besatzungsmacht noch einmal steigert, ruft dies den im Untergrund ar-

beitenden Widerstand. Wenn wieder ein Zug zwangs-
rekrutierter Arbeiter, wahllos von der Straße geholt
für die Arbeit in deutschen Rüstungsbetrieben, durch
die Stadt marschiert, bekommt der bewaffnete Widerstand Zulauf und Unterstützung durch die Bevölkerung. Dann werden hochrangige deutsche Militärs
ins Visier genommen und getötet.

Diese Aktionen und Gegenaktionen werden öffentlich bekannt: Die Zeitungen berichten davon, riesige
Plakate der Besatzer, aber auch Mitteilungen der Partisanen auf Zetteln, die an Bäumen oder Laternen-
masten zu finden sind.

Im Windschatten der öffentlichen Geschehnisse läuft
die rasant zunehmende Hetzjagd auf die Juden viel
unauffälliger ab. Die Brüsseler Militärverwaltung
fürchtet den offenen, mehr noch den geheimen Boykott der Behörden und die stillen Helfer in der Bevölkerung. Sie spannt deshalb die Juden selbst in die Organisation der Razzien und Deportationen ein: Der
seit 1942 existierende »Judenrat« wird damit aktiver
Handlanger der Besatzer. Juden, die sich freiwillig zu
Spitzeldiensten hergeben, in der – vergeblichen –
Hoffnung, selbst dadurch verschont zu werden.

In nächtlichen Razzien durchsuchen deutsche Mili-
tärpolizisten Häuser und Wohnungen. Tagsüber sitzen unauffällige Spione in Cafés, und jüdische De-
nunzianten fahren mit Gestapo-Leuten in Zivil durch
die Stadt und »kassieren« ihre menschliche Beute auf
diese Weise.

Vicky und Mara versuchen, die tägliche Steigerung
des Terrors vor Fred geheim zu halten. Aber da fast
alle Lebensmittel in den Geschäften in alte Zeitungen verpackt werden, erfährt Fred in Bruchstücken,
was sich außerhalb seines Zimmergefängnisses ab-

spielt. Nach außen zeigt er keine Reaktion. Überhaupt wird er immer verschlossener. Oft sitzt er einfach da und starrt ins Leere, spricht auch mit Vicky kaum noch, die sich ernste Sorgen macht.

Manchmal flüstern Vicky und Mara unter dem Schutz der Radio-Decke. Mara fragt, ob ihre Mutter befürchte, Fred könnte sich etwas antun. »Ich habe Angst, dass er durchdreht und irgendetwas Schreckliches anrichten könnte«, sagt Vicky. »Bisher habe ich ihn ja immer wieder zum Reden gebracht; aber jetzt…«

Und eines späten Abends, als Vicky und Mara nach den englischen Nachrichten aus ihrer Höhle auftauchen, ist Fred verschwunden. Lautlos. Ohne Abschied. Er hat seine Flucht nach vorn angetreten: mitten in ein unbekanntes Inferno.

Beide, Vicky und Mara, sitzen nebeneinander auf dem schmalen Sofa, schweigend. Eine große, erschöpfte Leere breitet sich in ihnen, um sie aus.

Ab Januar 1943 besucht Mara zweimal in der Woche den Vorbereitungskurs auf die Konfirmation. Sie soll im folgenden Jahr am Ostersonntag stattfinden und für Mara mit ihrer Taufe verbunden werden.

Bis zu den Sommerferien bekommen die Jungen und Mädchen – alle zwischen 15 und 17 Jahre alt – eine Einführung in die großen Weltreligionen. Dabei wird Pasteur Schyns eher als Religionsphilosoph kenntlich denn als Verfechter einer »reinen Lehre«. Mara ist fasziniert. Sie leiht sich von ihm ein Buch über den Buddhismus und liest darin mit wachsendem Eifer. Aber die existenziellen Brennpunkte finden sich im alltäglichen Leben.

Da ist die Schule. Mehrmals mussten alle Schülerinnen im Hof antreten: Razzia! Ob klein oder groß, im Beisein der Schulleiterin wurde jedes Kind nach Namen, Herkunft und Aufenthaltsort der Eltern befragt. Wollte die Direktorin sich einschalten, wurde sie herrisch zurückgewiesen. Bisher war es Mara jedes Mal gelungen, über vorher besprochene Wege durch die Keller das Schulgelände zu verlassen. Nach einem eingehenden Gespräch mit Vicky wird der Schulbesuch – zumindest vorläufig – gestrichen. Eine Oase weniger.

Bei der Schlacht um Stalingrad ist Hitlers Armee in Schnee und Eis vernichtet worden. Dass diese Niederlage die Wende des Krieges einleitet, ist nicht sofort klar. Aber Hoffnung und neuer Lebensmut beflügeln dennoch die Menschen. Auch in Mara regen sich zaghaft Wünsche an das Leben »danach«.

Die Lebensmittelversorgung ist mehr als katastrophal. Es gibt kaum etwas zu kaufen als grobes, meist feuchtes Brot, Kartoffeln, Margarine und jede Menge Kohlrüben. Inzwischen kursieren – fast unverhohlen – Spottlieder und makabre Witze zum Thema.

Darum schlägt Mara erneut den Weg zum Kasernentor in Laeken ein – allem inneren Widerstreben zum Trotz. Und tatsächlich gelingt es ihr, mit einiger Beharrlichkeit immer wieder einmal »Beute« zu machen. An einem sonnigen Wintertag ist der Andrang vor der Kaserne so groß, dass sie beschließt, doch lieber einen Spaziergang zu machen, als sich dem Gerangel auszusetzen. Der Weg führt am Park von Schloss Laeken entlang. Vor dem Krieg war er der Bevölkerung allgemein zugänglich, bot ihr wunderschöne Spazierwege mit Plätzen zum Ruhen. Jetzt ist ein großer Teil des Parks mit Stacheldraht eingezäunt, hinter ihm Holztürme der deutschen Flugabwehr.

Plötzlich hört sie einen Ruf von dem nächststehenden Turm. Offenbar gilt er ihr: »Mademoiselle, s'il vous plaît, attendez!« Verwirrt bleibt Mara stehen, erstaunt, von einem deutschen Soldaten in französischer Sprache angesprochen zu werden. »Une minute, je descends«, ruft der Mann noch hinterher.

Dann hört sie ihn die Stufen herunterpoltern, sieht ihn an den Zaun treten. In der Hand hält er einen Brief und bittet sie in gebrochenem Französisch, ihn in den Briefkasten neben der Kaserne einzuwerfen.

Nach einer ersten spontanen Abwehrreaktion wirft Mara einen Blick auf die Adresse: ein Frauenname. »C'est pour ma mère, et c'est très important pour elle et pour moi.« Bittend schaut er sie an. Merkt er, wie sie mit sich kämpft? Schließlich nickt sie und hebt den Brief auf, den er über den Stacheldraht wirft.

Dabei sieht der Soldat den leeren Topf in ihrem Korb und errät anscheinend blitzschnell den Zusammenhang. In seinem ungelenken Französisch bietet er ihr an, den Topf zu füllen – er bittet fast darum! Erst zögerlich, dann aber entschlossen, will Mara ihm Korb und Topf reichen, aber der Stacheldrahtzaun ist zu hoch. Der Mann überlegt.

Dann bedeutet er ihr, verschmitzt lächelnd, am Zaun entlang bis zu einem Tor zu gehen, das er von innen öffnen kann; mit Korb und Topf rennt er nach oben.

Als er zurückkommt, ist der Korb schwer und der Topf ziemlich voll. Und im Korb liegt noch ein halber Brotlaib! Mara ist sprachlos. Sie sieht ein erfreutes Lächeln in seinem offenen, jungen Gesicht und hört ihn sagen, »da oben« hätten sie fast immer etwas übrig. »Si je peux vous faire plaisir…?« Mara bringt nur ein heftiges Nicken zustande.

Sie drückt den Brief an die Brust und lächelt ihn an: »Pour maman«, zeigt in Richtung Briefkasten und macht sich auf den Weg.

Sie geht wie auf Wolken. Wie lange ist es her, dass jemand so unbefangen freundlich mit ihr gesprochen hat! Und nun: ausgerechnet ein feindlicher Besatzer. Sie kann keinen Feind in ihm sehen.

Zu Hause erregt ihre Erzählung ungläubiges Staunen. Doch ganz schnell schleicht sich das Gift des erworbenen Misstrauens in die Gedanken.

»Lass dich nur nicht um den Finger wickeln«, mahnt Vicky. »Wer weiß, was der Mann noch alles als Gegengabe von dir will.« Abschließend fügt sie hinzu: »Achte darauf, nichts von uns preiszugeben. Es könnte für uns gefährlich sein, und für den Mann womöglich auch.«

Seit Freds Verschwinden erscheint es Mara, als sei das Zimmer ohne ihn auf einmal doppelt so geräumig. Sie hatte – aus Angst vor den berüchtigten Maßnahmen durch die Menschenjäger – sofort alle Spuren seiner bisherigen Anwesenheit entfernt. Seine Papiere und die wenigen Habseligkeiten hatte sie zur verlässlichen Familie einer Schulkameradin gebracht, bei der sie auch schon übernachten durfte, wenn Gerüchte über eine Razzia in ihrem Umfeld die Runde machten.

Vicky hatte ihr Tun apathisch verfolgt, es wohl auch gebilligt, aber gleichzeitig fast gehässig angemerkt: »Na, du bist ja jetzt sicher froh, dass er weg ist!« Und Mara, auch wenn sie es Vicky gegenüber verschwieg, mochte sich selbst nicht belügen: Sie war nicht froh, aber erleichtert, sie atmete freier.

Inzwischen hat ein hektischer, untergründig brodelnder Sommer 1943 begonnen. Je mehr Rückschläge die bisherigen Eroberer an der Ostfront einstecken müssen, umso erbitterter setzen sie die Treibjagd auf die Juden auch in Belgien fort. Brüssel und zwei, drei andere größere Städte sollen möglichst rasch »judenfrei« werden. Der Brüsseler Judenreferent Kurt Asche, im Rang eines Obersturmführers bei der Gestapo, ist in der Bevölkerung berüchtigt für seine perfide Brutalität. Es ist eine Prestigefrage für ihn, die höchstmögliche Anzahl von Juden für die Deportationszüge nach dem Osten beizubringen. Das Ganze läuft unter dem Stichwort »Evakuierung«, tatsächlich werden bis zum Herbst nach erfolgter Festnahme der Bewohner mehrere tausend Wohnungen geräumt.

Dennoch wird es für die Menschenjäger immer schwieriger, das von Berlin eingeforderte Soll zu erfüllen: Die belgischen Behörden zeigen sich so unkooperativ wie möglich, und die Mehrzahl der Belgier ist äußerst erfindungsreich in ihrem Willen, die Gejagten zu schützen und zu verstecken – nicht notwendigerweise aus Sympathie für den einzelnen Juden, schon allein um den Besatzern zu trotzen.

Mara ist schon seit einigen Wochen ohne Ausweis unterwegs. Nachdem der hilfreiche Bürgermeister von Schaerbeek vom Dienst suspendiert worden war, hat sie sich gar nicht mehr zum Meldeamt gewagt, um ihren Ausweis verlängern zu lassen. Ob vernünftig oder nicht: ohne Ausweis fühlt sie sich freier. Eigentlich sollte sie, nach Vickys Anweisung, möglichst zuhause bleiben. Doch eine innere Unrast treibt sie hinaus auf die Straßen. Sie geht den Gerüchten nach, sieht, wie ganze Wohnungseinrichtungen unter Aufsicht bewaffneter Militärs aus immer wieder anderen Häusern im Viertel abtransportiert werden. Hier in Schaerbeek, aber auch in Anderlecht oder St. Gilles scheinen besonders viele Juden zu wohnen. Nach und nach dehnt sie ihre Erkundungsgänge aus in die vornehmeren Gegenden; dort fühlt sie sich sicherer. Auch nach Laeken zieht es sie immer wieder – nicht nur wegen der Zusatzrationen, die der Flaksoldat ihr treulich alle zwei Tage reserviert.

Schon zwei Mal in den vergangenen Wochen hat er den Flakturm in seiner Freizeit verlassen, um mit ihr einen kleinen Rundgang durch den offenen Teil des königlichen Parks zu machen. Dabei hat er von seiner Familie im Süden Deutschlands erzählt.

So auch an einem spätsommerlichen Abend. Mara spürt in seinem gebrochenen Französisch, dass der Mann Heimweh hat, das nimmt ihn für sie ein. Plötzlich bleibt er stehen: »Übrigens, ich heiße Walter. Du kannst ruhig Du zu mir sagen. Und wie heißt du?«

»Ich bin Mara«, antwortet sie, etwas überrumpelt und mit einem überraschenden kleinen Glücksgefühl.

Sie will vermeiden, dass Walter mehr wissen will und bittet ihn, weiter von sich und seiner Familie zu erzählen. Er tut es gern, und sie hört ihm ebenso gern zu. Einmal fragt sie ihn unversehens auf Deutsch: »Und was hat dein Bruder für eine Verwundung?«

Walter dreht sich ihr zu, konsterniert: »Du sprichst ja perfekt Deutsch! Und lässt mich die ganze Zeit so lala auf Französisch radebrechen! Warum denn das?!«

Und Mara, ohne weiteres Abwägen, wirft mit einem Schwung alles eingeübte Misstrauen über Bord und – springt: »Warum? Weil du eigentlich mein Feind bist! Aber ich erlebe dich anders, und deshalb ist mir das eben passiert.«

Walter ist sprachlos. Er versteht nicht, was zwischen ihnen geschieht, ahnt aber wohl plötzlich Abgründe. Am liebsten würde Mara mit ihm nun weitergehen. Doch ein Blick auf die Uhr zeigt, dass seine Pause gleich zu Ende ist.

»Mara, versprich mir, dass du übermorgen wieder kommst; und dass du dein Vertrauen nicht wieder zurücknimmst und mir mehr von dir erzählst… Bitte versprich es mir – ich werde es nicht missbrauchen!« Eindringlich schaut er sie an und streckt ihr die Hand entgegen. Mara nimmt sie fast automatisch und hält sie einen Augenblick fest. Dann geht sie rasch davon.

Wie konnte es geschehen, dass plötzlich alle seit Jahren eingewachsenen Sicherungen bei ihr durchgebrannt sind? Während sie aus dem Park und die große Straße entlangläuft, merkt sie, dass Walter, der ihr den Korb mit dem noch leeren Topf abgenommen hatte, ihn nun bei sich auf seinem Flakturm hat. Und sie wird für Vicky eine Erklärung erfinden müssen.

Ist dieser Soldat ihr Feind? Walter Rau in Brüssel 1943.

Es lässt sich nicht leugnen, nicht wegreden, auch nicht mit Argumenten bekämpfen – dieses Gefühl, das Mara bisher nur aus der Literatur kennt: Sie ist verliebt! Ja, sie hat sich in Walter verliebt. Ganz im Geheimen, er soll es auch gar nicht wissen. Mara ist ausgefüllt mit einem Staunen, darüber, was dieses zärtliche Fluten in ihr selbst auslöst.

Sie merkt, wie eine explodierende Lebenskraft alles Negative aus ihrem Bewusstsein verbannt: Sie spürt weder Angst noch Hunger, sie übersieht ihre kleine »Bauchtonne«, die Furunkel an Armen und Beinen, die forschenden Augen von Vicky und die Begehrlichkeit im Gesicht des Hauswirts.

Dafür glänzt sie im Konfirmandenunterricht durch Fragen und Beiträge, mit denen sie sich – ohne es zu ahnen – eine bis weit ins Erwachsenenalter reichende geistige Verbundenheit mit Pasteur Schyns sichert.

Sie ahnt, sie weiß, dass sie sich auf eine erwachsene, eine »vollwertige Frau« hin entwickelt – auch wenn ihr weiterhin eine dürre, unauffällige, wenig anziehende Gestalt im Spiegel entgegentritt. Ein unerwartetes Ereignis hatte dazu beigetragen...

Vor ein paar Wochen hatte sie – zu ihrem Erschrecken – eine erste und recht heftige Blutung erlebt. Unaufgeklärt, wie sie war, hatte sie es für ein Krankheitssymptom gehalten. Aus geheimnisvollem Getuschel von Frauen waren hier und da Begriffe hängen geblieben wie »Unterleibsoperation«.

Es war ihr gar nicht in den Sinn gekommen, mit Vicky darüber zu sprechen. Vicky musste, solange Mara denken konnte, von ihren problematischeren Fragen verschont bleiben – ganz früh, weil Lene dafür zuständig war; später, weil sie stets sowieso »mit Sorgen überlastet« war.

Ein Kind ist Mara schon lange nicht mehr. Seit Jahren lebt sie im Fadenkreuz von Geschehnissen, die ungreifbare feindliche Mächte über sie und ihresgleichen verhängen; sie lebt im Schlepptau von Erwachsenen, die ihrerseits Spielball der Ereignisse sind. Sie hat gelernt, sich eigenständig, wachsam und geschmeidig in den Grauzonen zwischen akuter Bedrohung und unauffälligem Widerstand zu bewegen: ein permanentes Überlebenstraining.

So suchte sie sich eine Ärztin aus dem Telefonbuch heraus und ging auf gut Glück in die Sprechstunde. Weil sie sich weigerte, der Sekretärin Name und Anliegen zu nennen, musste sie extrem lange warten.

Als sie schließlich im Sprechzimmer war, sagt sie als Erstes: »Ich habe kein Geld und kann Sie nicht bezahlen.« Die Ärztin, sicher durch die Sekretärin vorgewarnt, meinte beruhigend: »Jetzt sag mir erst ein-

mal, was dich herführt.« Mara berichtete kurz und
ein wenig verlegen stotternd von der Blutung und ihren Ängsten. Die Gynäkologin war eine erfahrene
und mütterliche Frau. Nach der behutsamen Untersuchung klärte sie die Ärztin in aller Ruhe auf, gab
ihr noch eine Broschüre und – ach, wie hilfreich! –
ein Paket Monatsbinden mit. Als sie die Praxis verließ, fühlte sich Mara fast erwachsen.

Und nun hat sie, aus einem unkontrollierten Impuls
heraus, Walter gegenüber ihr persönliches Siche-
rungssystem aufgegeben. Zwei Tage später vertraut
sie ihm ihre Geschichte an: im Telegrammstil zunächst, aber auf seine überlegten Nachfragen dann
auch ausführlicher. Sie spürt, wie es in ihm arbeitet,
wie ernsthaft er nach einem mitfühlenden Wort, einem Zeichen seiner Anteilnahme sucht, ohne ihr zu
nahe zu treten. Am Ende hat er nur ihre Hände in
die seinen genommen und gesagt: »Ab heute bin ich
dein Verbündeter.« Danach fühlt sie sich gefeit gegen
alle Widrigkeiten dieser Welt!

Mara wird 15 Jahre alt. Liebevoll hat ihr Vicky eine
Geburtstagskerze entzündet und zum Frühstück ein
Ei gekocht. Sogar ein Stück echte Butter gibt es dazu:
Luxus! Woher sie die nur hat? Mara ist gerührt. Sie
weiß: Vicky würde ihr Leben für sie geben – sie tut es
ja eigentlich täglich. Warum nur können sie beide
ihre Zusammengehörigkeit allein durch gegenseitige
Fürsorge zeigen? Mara sehnt sich doch so sehr nach
einem Gleichklang von Gefühlen, nach Austausch.
Aber sie scheut sich, Vicky von ihrer Verliebtheit zu
erzählen. Sie fürchtet ein wissendes, etwas belustig-
tes Lächeln und einen sanften, aber schmerzhaften
Hinweis auf ihre »schlappen« 15 Jahre…

Als sie sich am Nachmittag dem Flakturm nähert,

sieht sie Walter schon am Eingang zum öffentlichen Park auf sie warten. Er weiß, dass sie heute Geburtstag hat und hat eine Überraschung für sie: Er lädt sie ein zu einer Fahrt im Ruderboot auf dem kleinen See im Park! Mara klatscht vor Vergnügen in die Hände und tanzt vor ihm her. Er mietet ein Boot und treibt es mit kräftigen Ruderschlägen zur Seemitte. Das Wetter ist noch mild, die Sonne lässt die langsam durch das Licht tanzenden Blätter auf dem Wasser leuchten. Mara ist rundum glücklich.

Angelockt durch das schöne Wetter, sind noch mehr Boote auf dem See. Neben ihnen taucht ein Kahn auf, besetzt mit drei Schwestern vom Deutschen Roten Kreuz. Bald fliegen Scherzworte zwischen Walter und den Schwestern hin und her, und das Necken steigert sich bis zu einem regelrechten Wettrudern. Walter ist ganz aufgedreht, so hat ihn Mara noch nie gesehen.

Plötzlich ruft eine der Schwestern ihm zu: »Deine Freundin ist wohl zu schwach, um dir zu helfen? Na ja, auch ein bisschen zu jung vielleicht...!«

Mit einem Schlag erlischt für Mara das Leuchten, das über dem See liegt. Ja, sie ist schwach, sie ist jung. Zu jung wofür? Eine unattraktive Freundin für Walter? Das trifft sie schon eher. Fühlt er sich womöglich blamiert mit ihr?

Mühsam beherrscht bittet sie Walter, umzudrehen und sie am Ufer abzusetzen. »Du kannst ja noch länger wettrudern mit den Schwestern, wenn du willst; ich muss jetzt nach Hause.«

Walter spürt undeutlich, dass Mara verletzt ist und sagt entschuldigend: »Das war nur eine blöde Bemerkung von den Mädels – tut mir leid, Mara; mach dir nix draus. Und natürlich gehe ich mit dir zurück. Du musst ja auch noch deinen Korb mitnehmen...«

Schweigend gehen sie in Richtung Turm. Als Walter ihr den schwer gefüllten Korb überreicht, sagt er lächelnd: »Da ist noch ein kleines Geburtstagsgeschenk für dich drin; hoffentlich gefällt es dir. Mach es nicht jetzt auf, erst zuhause.« Er legt ihr die Hand auf die Schulter: »Vergiss nicht, ich bin dein Verbündeter!« Mara lächelt traurig zurück.

Zuhause findet sie ein in Stoff gebundenes Büchlein, mit leeren Seiten und einem an der Seite befestigten Füllfederhalter. Auf der ersten Seite steht ein Vers von Heinrich Heine:

»Ich hatte einst ein schönes Vaterland.
Der Eichenbaum wuchs dort so hoch,
die Veilchen nickten sanft.
Es war ein Traum.«

Mara hat sich entschieden, Vicky nun doch zu erzählen, dass die Verbindung zu dem »Mann vom Turm« eine tiefere Bedeutung bekommen hat und dass sie Walter vertraut. Nach einem ersten panischen Moment, den Mara unbeirrbar über sich ergehen lässt, wünscht Vicky, den Mann kennenzulernen. Walter reagiert positiv, was Mara erleichtert und zugleich enttäuscht: Dann gehört er nicht mehr ihr allein!

Sie vereinbaren ein Treffen am Eingang des Offizierskasinos nach Vickys Arbeitsschicht. Walter trägt einen Trauerflor am linken Ärmel der Uniform: Sein dritter Bruder wurde an der Ostfront vom russischen Gegner erschossen, als er Verwundete aus den vordersten Linien holen wollte. Am Vortag hatte er es erfahren und Mara am Abend mit erloschener Stimme berichtet. Sie hatten dann lange gemeinsam geschwiegen.

Vicky versteht Mara: Auch sie fasst schnell Vertrauen zu dem ernsten Menschen, der sich so selbstverständlich und ohne Hintergedanken zum »Verbündeten« ihres Kindes erklärt hat.

Zu dritt sitzen sie in einem Nebenraum im Kasino, trinken echten Bohnenkaffee und essen fast andächtig vom Apfelkuchen. Als Unteroffizier kann Walter hier die beiden Begleiterinnen einladen. Er fragt wenig, erzählt aber, dass er sich informiert habe über eine Möglichkeit, Mara nach Deutschland zur Erholung in den Schwarzwald zu seiner Schwägerin einzuladen. Auf einen entsetzten Ausruf von Vicky setzt er beschwichtigend nach: »Die entsprechende Referentin hat mir dringend von solchen ›Flausen‹ – ja, hat sie genau so gesagt! – abgeraten.«

Nach kurzem Schweigen wendet Walter sich ausdrücklich Vicky zu: »Ich bin richtig froh, dass wir uns heute begegnen, Frau Benda. Wie Sie sicher merken, habe ich Mara ins Herz geschlossen. Heute muss ich ihr aber eine Mitteilung machen, die mir schwerfällt. Mara, sie wird dir vielleicht ganz unverständlich sein...« Entschlossen bringt er schließlich heraus: »Ich werde in der nächsten Woche an die Ostfront versetzt. Auf eigenen Wunsch...«

Die nun folgende Stille dröhnt in Maras Kopf. Kein Wort kommt ihr über die Lippen, aber instinktiv krallt sie die Fingernägel in Walters Handrücken, ein Tropfen Blut quillt hervor.

»Freiwillig – warum? Warum?« Fast tonlos kommt die Frage von Vicky.

»Es ist eine lange Geschichte; ich möchte sie jetzt nicht erzählen... Mit ›Siegenwollen‹ hat sie jedenfalls absolut nichts zu tun. Das dürfen Sie mir blind glauben.«

Er schweigt lange. Endlich sagt er leise, beinahe entschuldigend, aber entschlossen: »Ich bin es meinem Bruder schuldig.«

Alle drei erheben sich gleichzeitig, gleichermaßen schwerfällig, schweigend. Als sie zur Tür gehen, stellt sich Mara Walter in den Weg: »Ich komme morgen noch einmal, Walter – noch e i n Mal...«

Und so geschieht es. Anderntags stapft Mara mit ihren löchrigen Schuhen durch Schneeregen nach Laeken, ohne Topf und ohne Korb. Als sie sich verabschieden, schiebt Mara ein kleines Passfoto von sich zwischen die Knöpfe von Walters Uniformmantel – »damit du manchmal an mich denkst«. Aus dem bemühten Lächeln wird eher eine Grimasse. Walter nimmt ihre beiden Hände, drückt sie fest: »Vergiss nicht: Wir sind und bleiben Verbündete. Und: Wir sehen uns irgendwann wieder!«

Das frühe Winterdunkel macht alles noch schlimmer: den Hunger; es gibt keinen Walter mehr, der den leeren Topf füllt; die feuchte Kälte; die kaputten Schuhe; die zu kurzen Kleider von Mara, die keinen Saum mehr haben, den man zur Verlängerung auslassen könnte.

Das Schlimmste jedoch, an körperlicher Pein, in diesem Winter sind die Wanzen. Aus dem Nichts gekommen, vermehren sie sich unausrottbar in den Betten, verstecken sich unter den Knöpfen und quälen, vor allem Mara, bis aufs Blut. Und wenn Mara sie vor dem Einschlafen in verzweifelter Wut zerknackt, stinken sie auch noch ganz ekelhaft! Eine zermürbende Kammertragödie im großen Weltendrama.

Irrlichternde Hoffnungen sind es, die das Durchhaltevermögen von Vicky und Mara immer wieder beleben. Sie flackern vor allem dann auf, wenn die BBC Rückzugsmeldungen der deutschen Truppen im Osten verbreitet, oder wenn den Partisanen wieder einmal die Gefangennahme von Spitzeln oder die abenteuerliche Befreiung einer kleinen Gruppe jüdischer Mitbürger aus einem Kleinlaster gelingt. Solche Neuigkeiten verbreiten sich in Windeseile von Mund zu Mund. Und manche von ihnen werden dabei vom Wunschdenken der Menschen zu strahlenden Heldentaten verklärt...

Den Weihnachtsabend verbringen Vicky und Mara in der protestantischen Kirche, wo Pasteur Schyns eine bewegende Ansprache hält und anschließend zu einem einfachen gemeinsamen Abendessen lädt. Vor jedem Teller steht eine brennende Kerze, die einzige Beleuchtung in dem schönen ovalen Raum. Es herrscht keine heitere, aber eine friedvolle, nachdenkliche Stimmung. Mara spürt, wie sich etwas von der Daueranspannung in ihr löst. Ihre Hand sucht die der Mutter. Beide lächeln sich an.

Als die Glocken das Jahr 1944 einläuten, leidet Europa immer noch unter den Lasten des Krieges. Horrornachrichten und aufblitzende Hoffnungsschimmer lösen einander in den Nachrichten ab. Die deutsche Propaganda kündigt eine Geheimwaffe an: eine ferngesteuerte Superbombe, »die England in Schutt und Asche legen wird«. BBC ruft auf zu einer letzten großen Anstrengung aller alliierten Streitkräfte, denn die Befreiung sei so nah wie nie.

Vicky und Mara sitzen bei Kerzenschein und heißem Kräutertee in ihrem Zimmer. Vicky raucht andächtig eine aus Kippen selbstgedrehte Zigarette und legt Karten: Zu Maras Vergnügen ist sie tatsächlich abergläubisch und erhofft sich von den Karten eine positive Prognose für das neue Jahr. Doch die will sich nicht zeigen... Irritiert wirft Vicky die Karten hin: »Ach, ich hab sie einfach schlecht gemischt!«

Im Frühjahr 1944, am Ostersonntag, wird die Konfirmation im Rahmen des festlichen Ostergottesdienstes stattfinden, verbunden mit der Taufe von Mara. Die Jungen sollen in dunklen Anzügen erscheinen, die Mädchen in weißen, langen Kleidern. »Wie komme ich nur zu einem solchen Kleid, es sieht ja beinahe aus wie ein Brautkleid?!« Mara ist verzweifelt. Eigentlich geht es ihr gar nicht in erster Linie um das Kleid, aber sie will nicht, wie fast immer und überall, »anders« sein als alle anderen, aus einer Gruppe herausfallen, zu der sie – wenigstens vorübergehend – gehört.

Auch Vicky ist bedrückt. Sie möchte ihr Kind glücklich sehen und strahlend in einem festlichen Kleid. Die Rettung bringt ein Zufall. Die junge jüdische Fa-

milie G., die 1940 wegen des neugeborenen kleinen
René in Brüssel geblieben war, hat sich bisher von
Versteck zu Versteck der Deportation entziehen kön-
nen.

Vicky hatte den Kontakt zu Frau Goldstein nie ganz
verloren, als sie nach Freds Rückkehr von seiner
Flucht, im Herbst 1941, die Mithilfe im Haushalt der
kleinen Familie aufgeben musste. Mit einem ge-
fälschten Ausweis hatte sie damals die Arbeit im
deutschen Offizierskasino bekommen, um so die
häusliche Verpflegung durch die Reste aus der Küche
etwas aufzubessern.

Zufällig treffen die beiden Frauen aufeinander im
Garten einer Belgierin, die verdeckt mit Widerstands-
gruppen zusammenarbeitet und die sie beide unabhängig voneinander kennen. Es gibt viele kleine und
größere konspirative Hilfsnetze in der Stadt von Menschen, die auf unterschiedlichen Feldern Widerstand
gegen die deutsche Besatzungsmacht leisten.

Vicky erwähnt kurz das Problem von Maras Konfir-
mationskleid. »Da kann ich aushelfen!« Ganz spontan
kommt der Ausruf von Frau Goldstein. Und sie beginnt zu erzählen: »Mein Mann und ich hatten eigentlich vor, schon 1938 nach Israel auszureisen; doch
zuvor wollten wir unbedingt heiraten – auch um meiner Mutter noch die Freude zu machen, sie wollte
nämlich nicht weg von Deutschland. Für die Hochzeit
war alles vorbereitet, inklusive Brautkleid. Durch die
Schikanen der Behörden zog sich das Ganze aber so
sehr in die Länge, dass es zu keinem Fest mehr
kam...« Die Stimme von Frau Goldstein ist am
Schluss fast weggebrochen, ihre Augen scheinen sich
im Dunkel vergangener Tage zu verlieren. Als sie
wieder spricht, kürzt sie ab und berichtet nur noch

lakonisch: »Wir wurden schließlich von einem besto-
chenen Standesbeamten im Geheimen getraut. Und
das Brautkleid liegt ungenutzt in irgendeinem Koffer.
Ich werde es zur Erinnerung zwar behalten, kann es
Mara aber gut ausleihen – dann wird es wenigstens
einmal getragen…«

Vicky ist gerührt von der großherzigen Geste und
freut sich für Mara. Ob sich ein richtiges Brautkleid
für die Konfirmation wirklich eignet, muss allerdings
eine Anprobe erst zeigen.

Mara ist von dem Kleid entzückt und doch zugleich
beklommen. Ihre Fantasie spielt um Szenarien von
Demütigung, Angst und schmerzlichen Verzichtleis-
tungen des Elternpaares von Klein-René. Wenn ihr
so etwas passieren würde? In großer Dankbarkeit
nimmt sie sich vor, mit diesem Kleid ganz sorgsam
umzugehen.

Öfter empfindet Mara nun, dass sie den Bezug zur Realität verliere. Dabei bewegt sie sich ganz angemessen im Alltag. Sie registriert, wie sie die täglich von der BBC genannten Frontverläufe auf der Weltkarte, die sie hinter dem Sofa an die Wand gepinnt hat, mit bunten Stecknadeln markiert. Sie steht beim Bäcker um Brot an und hört sich ganz vernünftig mit der Verkäuferin reden, bringt das Brot auch heim. Doch dann kann sie übergangslos abdriften und sich am helllichten Tag in dem Albtraum wiederfinden, der sie seit einiger Zeit immer wieder heimsucht.

Sie träumt, sie ist allein im vertrauten Zimmer. Der Raum ist in ein graugrünes Halbdunkel gehüllt, über das große schräge Dachfenster rollen träge Wasserwellen hinweg, dringen aber nicht in das Zimmer. Im Haus stehen alle Türen offen. Mara geht von einer Etage zur anderen, von einer Wohnung zur nächsten: Alle sind leer. Vor jedem Fenster bewegt sich das graugrüne Wasser, je tiefer das Stockwerk, umso dunkler das Wasser. Die Haustür ist fest geschlossen. Langsam steigt Mara wieder hinauf in den vierten Stock. Ihre Schritte klingen dumpf auf den Stufen. Oben steht sie lange unter dem Fenster, horcht auf das rollende Plätschern des Wassers. Sehr hoch kann der Wasserstand über dem Dach nicht sein – aber hoch genug, um beim Zerschlagen der doppelten Scheiben den Raum in eine Todesfalle zu verwandeln.

Es gibt kein Entrinnen. Sie wird hier sterben. Panik überfällt sie. Sie will schreien. Nur ein Krächzen kommt aus ihrer Kehle... An diesem Krächzen wacht sie auf. Jedes Mal an der gleichen Stelle. An solchen Tagen verweist der Traum die Realität in die Kulissen, auch wenn die Nachrichten der BBC immer häufiger Hoffnungsstreifen am Horizont erscheinen lassen.

Vicky reagiert beunruhigt auf Maras tranceartige Zustände. Auf Fragen bekommt sie nur hilfloses Achselzucken zur Antwort. Je öfter sich der Albtraum in die länger werdenden Tage hineindrängt, desto häufiger verfällt Mara in panikartige Zustände.

Eines Abends bricht es aus ihr heraus: »Ich halte es nicht mehr aus! Ich kann so nicht leben. Es ist das Beste, wenn ich mich freiwillig stelle.«

Ungewohnt vehement schnellt Vicky von dem Sofaplatz hoch, auf den sie sich gerade mit Radiodecke verziehen wollte, um Nachrichten zu hören. Mit hochrotem Gesicht steht sie vor Mara, die gar nicht so schnell die Ohrfeigen abfangen kann, wie sie links und rechts ihre Wangen treffen. Fassungslos schaut sie Vicky an, die sie ihrerseits aus zorndunklen Augen anfunkelt und gefährlich leise sagt: »Hab ich dafür die ganzen Jahre gekämpft, geschuftet und gelitten – jawohl: gelitten! Damit du mir heute, wo sich endlich Licht am Ende des Tunnels zeigt, diesen Hirnfurz servierst? Ausgerechnet jetzt kannst du es nicht mehr aushalten?! Solange ich noch hier lebe, machst du mir nicht die Fliege!«

Erschöpft fällt Vicky auf dem Sofa in sich zusammen und bricht in Weinen aus. So hat Mara die Mutter noch nie erlebt. Erschüttert steht sie vor ihr. Zugleich merkt sie, wie ihr Kopf plötzlich wieder klar wird, frei von dem gespenstischen Albtraum.

Langsam setzt sich Mara neben ihre Mutter und umarmt sie. »Ja, ich hab wirklich fast den Verstand verloren; und du konntest gar nicht wissen, warum – und ich konnte einfach nichts von meinen Alpträumen erzählen … Es tut mir so leid!« Vicky legt ihre Hand auf Maras Knie: »Morgen dann, ja? Lass uns erst mal drüber schlafen.«

»Der Ewige wird deine Wege ebnen.«

Im Frühjahr 1944 werden mit zunehmender Nervosität der Besatzer auch Festnahme und »Evakuierung« der Juden immer schwieriger.

Mara kommt es vor wie ein makabres Wettspiel zwischen den deutschen Judenfängern und dem wachsenden Anteil einfallsreicher »stiller« Widerständler in der Bevölkerung wie auch in der Bürokratie: Überall werden immer neue Wege zur Rettung verfolgter jüdischer Menschen gefunden. Noch nie waren so viele gefälschte Ausweise im Umlauf wie jetzt. Es geht das Gerücht, dass ein genialer Fälscher in Paris seinen europäischen Kollegen bei Engpässen immer wieder Hilfestellung gibt.

Auch Mara hat wieder einen Ausweis: »Marie-Claire Van Moll« nennt sie sich in diesen Monaten. Es ist einfach zu gefährlich geworden in Brüssel, ohne Papiere aufgegriffen zu werden.

Ostersonntag 1944. Der in Weiß und Gold gehaltene Raum der Chapelle Royale de l'Eglise du Musée ist vom Sonnenlicht durchflutet, als Mara getauft und anschließend mit elf Mitkonfirmanden eingesegnet wird. Es ist eine schlichte Zeremonie, in der die Worte von Pasteur Schyns von der vielfach bedrängten Gemeinde wie aufgesogen werden.

Mara kommt sich in dem geliehenen Brautkleid feierlich und fremd vor. Sie bekommt einen auf sie zugeschnittenen Geleitspruch, der Vicky Tränen in die Augen treibt: »Der Ewige wird über alle Deine Schritte wachen und Deine Wege ebnen.« Das anschließende Abendmahl wird ausgeweitet zu einem bescheidenen Essen, während dröhnende Bombergeschwader wieder über die Stadt ziehen. Die Stimmung bleibt gedämpft...

Bei der Verabschiedung fühlt Mara den festen Hän-

Konfirmation in einem nie getragenen Brautkleid (Brüssel, Ostern 1944).

dedruck des Pasteurs und hört ihn sagen: »Du wirst deinen Weg finden, du bist stark – und ich werde für dich beten.«

In den nächsten Wochen fallen in Brüssel und Antwerpen mehrere Bomben.

Die Menschen denken an die drohende Wunderwaffe der Deutschen, die eigentlich London in Schutt und Asche legen soll. Oder sind es die Alliierten, die bei den Besatzern Panik erzeugen wollen?

Eine dieser Bomben trifft in ihrer Straße ein nahegelegenes Haus. Vicky ist bei der Arbeit. Mara ist gerade mit einem Laib Brot in die Wohnung zurückgekommen, als das Gebäude in seinen Grundfesten erschüttert und ein Teil des Daches über ihr mit ungeheurer Wucht abgedeckt wird. Nach Momenten betäubender Stille findet sich Mara im halb zerstörten Treppenhaus wieder, ein knappes Stockwerk tiefer, inmitten von Backsteinbrocken und Splittern. Ganz klar hört sie, wie die Nadel eines Plattenspielers irgendwo in der Nähe in immer der gleichen Rille die Sequenz einer Chopin-Melodie wiederholt.

Später wird sie nicht genau sagen können, was dann mit ihr geschah. Offenbar wird sie ohnmächtig aufgefunden und ins Spital gebracht. Als sie wieder zu sich kommt, sieht sie in Vickys schreckensweit aufgerissene Augen, kann aber die Zusammenhänge nicht herstellen und gleitet wieder in einen wohltätigen Dämmerzustand zurück. Sie erwacht erst wieder richtig, als im verdunkelten Zimmer die Beleuchtung eingeschaltet wird und ihr jemand mit der Taschenlampe ein Augenlid hebt und direkt in die Augen leuchtet. Sie spürt einen ziehenden Schmerz im Rücken und am linken Schienbein. Sie sieht einige Pflaster auf den Armen, einen Verband am Bein – nach und nach erinnert sie wieder, was geschehen ist. Mara weiß nicht so recht, ob sie sich wirklich freuen soll, weiterhin leben zu dürfen.

Es wird schnell klar, dass sie auf unbestimmte Zeit nicht in das Haus zurückkehren können. Vicky erzählt, das Brot, kurz vor dem Einschlag der Bombe von Mara gekauft, klebe sichtbar an der unversehrten Wand; andere Teile des Raumes seien entweder abgestürzt oder unter offenem Himmel Wind und Wetter ausgesetzt.

Vicky hat inzwischen eine Bleibe bei einer Kollegin aus der Küche des Kasinos gefunden – sie scheint sich dort ganz wohl zu fühlen.

Für Mara ist ein Erholungsaufenthalt in den Ardennen vorgesehen, in einem Jugendheim nahe der Abbaye de Maredsous, einer bekannten Abtei. Sie soll so rasch wie möglich dorthin verlegt werden, weil die Razzien der Besatzer auch vor den Spitälern nicht haltmachen.

Diesem wohlmeinenden Vorschlag der Ärzte, die momentan über sie entscheiden, steht Mara zunächst unentschlossen gegenüber. Zu lange schon lebt sie ein unbehütetes, irgendwie verwildertes Leben. Die Vorstellung, sich in eine fremdbestimmte Ordnung einzufügen, macht sie beklommen. Dabei sollte sie sich doch über ihre Rettung freuen und dankbar sein für die umsichtige Fürsorge.

Ein lang ersehntes und zugleich unerwartetes Ereignis löst den Knoten: Am Morgen des 6. Juni 1944 landen die Alliierten in der Normandie! Schon Tage zuvor war wieder einmal Hoffnung aufgeschäumt, als Rom zur offenen Stadt erklärt wurde und Italien sich von Hitler abwandte.

Nur mühsam können Vicky und Mara das Hochgefühl bändigen, in das sie die Landung der Engländer und Amerikaner versetzt hat, plötzlich lohnt es sich wieder zu leben, sich zu begeistern! Nach Außen darf es nicht dringen: Die Besatzer sehen sich in die Enge getrieben und vervielfachen ihre Schikanen. Auch aus Sorge vor unberechenbaren Handlungen drängen die Ärzte der Klinik auf eine rasche Abreise in das Jugendheim. Und jetzt, mit der Hoffnung auf ein baldiges Ende von Bedrückung und Verfolgung, kann sich Mara die Überbrückungszeit in dem Erholungsheim sogar positiv ausmalen.

Zwiespältig sind die Gefühle von Mara und Vicky dennoch, am Tag des Abschieds: Beklemmung vor der ungewissen nächsten Zukunft bei beiden, in der auch die vertraute Todesangst mitschwingt; unklare Schuldgefühle bei Mara, Angst vor dem Alleinsein bei Vicky, Sehnsucht nach einem neuen Leben bei beiden.

Lächelnd unter Tränen ermutigen sie sich gegenseitig.

Was für ein Sommer! In den Bauerngärten des Ar-
dennen-Dorfes blüht und duftet es – Levkojen, Rin-
gelblumen, Phlox und Petunien, weit geöffnete Ro-
sen, Eisenhut und Zinnien. Mit allen Sinnen nimmt
Mara diese Sommerfülle in sich hinein. Den ersten
Monat in dem Erholungsheim – für Brüsseler Mädchen und Jugendliche zwischen 10 und 16 Jahren –
erlebt sie als unwirkliche Idylle. In dem abgeschie-
denen, von Wäldern umgebenen Dorf gibt die Natur
den Menschen den Lebensrhythmus vor: arbeiten
und ruhen, werden, wachsen, altern und sterben –
alles hat seine Zeit und seine Ordnung. Wenn die Kir-
chenglocke den Mittag eingeläutet hat und die Sonne
vom Himmel brennt, erstirbt jeder Laut im Ort, auch
die Vögel und die Hunde halten Mittagsruhe. Und in
den Nächten hört man die Stille atmen.

Im August ändert sich schlagartig die Situation für
das ganze Tal. Weiterhin erlebt Mara jeden neuen
Morgen wie ein Geschenk, doch in den Nächten
wächst die Angst durch Bedrohungen. In den dichten
Wäldern zwischen den kleinen Ortschaften liefern
sich Nacht für Nacht versprengte deutsche Soldaten
der zurückflutenden Armee Gefechte mit Kämpfern
der »Armée Blanche« des belgischen Widerstands.
Immer wieder gibt es Verwundete, die Hilfe suchen
an der waldnahen Hintertür, Uniformierte aller Cou-
leur, aber auch Menschen aus dem Dorf.
Vorn auf der Straße rollen Panzer und Lastwagen in
Richtung deutsche Grenze, in der Luft bekämpfen
sich Stukas und englische Bomber. Nachts rütteln
Fremde an den Türen, zerschießen die Fensterschei-
ben, verlangen Wasser und Verbandzeug, manchmal
auch Decken, um verwundete Kameraden zu trans-

portieren. Andere Verwundete, auch Tote beider Seiten, liegen in den weitläufigen Wäldern.

Vergebens versuchen die Betreuerinnen, eine gewisse Ordnung und Versorgung ihrer Schutzbefohlenen aufrechtzuerhalten; die Vorräte sind aufgebraucht oder von den marodierenden Gruppen beschlagnahmt, die Wasserleitung ist defekt, Türen und gesplitterte Fenster bieten keinen Schutz mehr.

Die Betreuerinnen und einige der älteren Jugendlichen, darunter auch Mara, wollen deshalb versuchen, zu Fuß und in kleinen Gruppen auf Nebenwegen, in Richtung Brüssel bis zum nächsten größeren Ort zu gelangen. Dort, in Namur, so hoffen sie, würden sie Sicherheit finden, bis Bahn oder Busse sie nach Brüssel transportieren.

Leben als Mutprobe, auf Bewährung, für Mara nicht zum ersten Mal, aber für die ihr anvertrauten vier jüngeren Mädchen schon. Mit ihren knapp 16 Jahren fühlt sie eine große Verantwortung. Was sie für sich selbst nicht täte: An den Türen der Bauernhäuser bittet sie um Milch und Brot für ihre kleine Gruppe, am Abend auch um die Erlaubnis, im Heu schlafen zu dürfen. Nicht immer werden sie freundlich aufgenommen. Sie werden einmal als Bettelpack abgewiesen, ein andermal werden gar die Hofhunde auf sie gehetzt. Dann müssen eben die Frühäpfel unter den Bäumen einer Obstwiese als Tagesverpflegung reichen.

Nach drei Wandertagen, in denen sie sich mit einer mangelhaften Autokarte orientieren, unter der spätsommerlich heißen Sonne und den unaufhörlichen Begleitgeräuschen der Kriegsmaschinerie von fliehenden Deutschen und vorwärts drängenden Alliierten, erreicht die Gruppe todmüde endlich Namur.

Von einem Polizisten werden sie zur Zitadelle verwiesen, wohin sich die Stadtverwaltung zurückgezogen hat. Dort werden die Mädchen geschäftsmäßig registriert.

Sie bekommen einen vorläufigen Ausweis und werden dann in einen großen Saal geführt, wo schon viele Menschen versammelt sind: ganze Familien, Alte, Jugendliche in Pfadfinderuniform, unruhige Säuglinge und Kleinkinder. Alle warten, innerlich jederzeit bereit zum Aufbruch. Mara schart ihre Mädchen um sich und richtet sich mit ihnen einen begrenzten Raum ein, wo sie alle auf dem Boden sitzen und immer zwei von ihnen abwechselnd liegen, wenn möglich auch schlafen können – eine harte Wirklichkeit auf einem wunderschönen Parkettboden.

Mara fühlt sich an die Tage und Nächte im Keller erinnert, als sie mit Vicky und drei anderen Flüchtlingen ebenfalls wartete; damals auf die Schleuserlotsen, die mit ihnen den Weg zur belgischen Grenze gehen sollten, dem Schlupfloch in die freie Welt. Seither sind fünf Jahre vergangen – in aufblitzenden Bildern tauchen immer wieder Szenen aus jenen Jahren in ihr auf: die Augen des Hundes, an dessen Hals sie sich klammert, um im Niemandsland aus dem Schlammloch herauszukommen. Tante Florchens Gesicht, als sie dem Blockwart zornrot sagt: »Jehn Se doch zum Deibel!« Fred, wie er nach seiner Frankreich-Odyssee plötzlich wieder vor ihr steht. Walter, mit dem Trauerflor um den Uniformärmel. Die Gemüsekisten im Frühlicht auf dem Großmarkt. Die Schulleiterin des Gymnasiums, wie sie ihr den Fluchtweg durch die Keller der Schule zeigt. Sie hört ihr eigenes Krächzen beim Aufschrecken aus dem wiederkehrenden Albtraum. Und sie meint noch das

Brennen der Wangen von Vickys Ohrfeigen zu spüren, durch die sie vor dem Abgleiten in eine äußerste Depression bewahrt worden war.

Aber nun ist es ein anderes Warten, ausgerichtet auf ein Ziel in naher Zukunft. Der Bürgermeister hat angesagt: Wenn die Stadt befreit und sicher ist, werden alle Glocken läuten. Es kann nicht mehr lange dauern. Die offiziellen Beobachter an den höchsten Punkten der Zitadelle melden keine Feindbewegungen mehr aus ihrem Blickfeld. Es ist, als halte die Stadt den Atem an, auch in dem Saal ist es seit einer Weile immer stiller geworden. Die Mädchen haben ihre wenigen Sachen zusammengepackt und sich dicht um Mara gesetzt. In angespanntem Schweigen hängen sie ihren Gedanken nach.

Als die breite Tür aufgeht, bringen Helfer große Körbe mit Brot und Äpfeln herein, Tee wird ausgeschenkt und in mitgeführte Flaschen umgefüllt, Hartkäse in Stücken verteilt. Alles geschieht ohne Hast und fast ohne Drängelei. Nur die Kleinen bringen Kinderlärm in die versammelte Menschenmenge. Dann erscheint ein belgischer Offizier und verliest Anweisungen für einen geordneten Auszug aus der Zitadelle, »wenn die Stadtverwaltung die Entscheidung dafür getroffen haben wird«.

Die Stunden vergehen. Langsam lässt die Spannung im Saal nach. Es scheint doch nicht so schnell zu gehen, wie die Ungeduld der Wartenden es ersehnt. Einige haben wieder ihre Decken ausgepackt und sich zum Schlafen eingerollt. Auch Mara döst vor sich hin, einen Arm um die kleine Joëlle gelegt, während Laurence, die Beine angezogen, sich mit dem Kopf in ihren Schoß gegraben hat. Mit der Wand im Rücken lässt es sich so eine ganze Weile aushalten.

Und plötzlich ist es so weit! Mitten in der Nacht beginnen alle Glocken in der Stadt ein Freudengeläut: Die Stadt ist befreit! Im Nu werden die riesigen Fenster weit geöffnet, damit der volle Klang den Raum füllen kann. Im Saal verbindet sich Jubel mit Tränen der Erleichterung. Fremde Menschen umarmen einander, als der schon bekannte Offizier verkündet, dass ab 8 Uhr morgens das Tor der Zitadelle geöffnet sein werde. Die weiteren Wege sind ungesichert, frei wählbar – in eigener Verantwortung.

Unversehrt treffen die Mädchen in Brüssel ein und finden die Stadt befreit von der deutschen Besatzungsmacht. Wieder beherrschen Uniformen das Straßenbild, doch ihre Träger sind Befreier! Amerikaner und Engländer sind es, die sich in Belgiens Hauptstadt gern bewundern und bejubeln lassen, denn sie haben grausame Wochen hinter sich seit ihrer Landung in der Normandie. Und ihr Weg nach Berlin ist noch weit und gefährlich.

Zuerst sorgt Mara dafür, dass die ihr anvertrauten Mädchen sich wieder mit ihren Angehörigen zusammenfinden. Erstaunlicherweise stimmen die jeweiligen Adressen noch, und bei allen vier Familien ist jemand zuhaus. So viele glückliche Gesichter!

Als Mara sich dann plötzlich allein im Gedränge einer froh gestimmten Menschenmenge wiederfindet, fühlt sie, wie eine lang ausgehaltene Anspannung von ihr abfällt. Sie setzt sich auf eine Bank, genießt in der blinzelnden Septembersonne eine wohlige Trägheit und schaut absichtslos dem Treiben im Herzen der Stadt zu.

Endlich ist sie frei, endlich kann sie sich auf die Suche nach Vicky machen. Bei ihrem Abschied in der Klinik Ende Juni hatten sie vereinbart, ihre Aufenthaltsorte für alle Fälle bei der jüdischen Organisation AIVG (Aide aux Israélites Victimes de la Guerre) anzugeben. Dort erfährt sie, dass Vicky wieder im altbekannten, von der Bombe gestreiften Haus wohnt. Wie ist das möglich? Als sie in die Straße einbiegt, sieht sie, dass »ihr« ehemaliges 4. Stockwerk erneuert und die ganze Fassade frisch gestrichen ist. Unruhig sucht sie die Klingelleiste und entdeckt den richtigen Namen der Mutter auf einem kleinen Zettel, der mit einem anderen Namen überklebt ist: M. Benda! Sie läutet, und ein Summer öffnet die Tür – eine weitere Neuerung. Im 2. Stock steht Vicky in der Tür zur Wohnung, erst starr in ihrer Überraschung, dann mit glücklich strahlendem Gesicht. Mara rennt die letzten Stufen hinauf, zieht die Mutter in die Arme und schwenkt sie übermütig und zugleich schluchzend vor Freude in den kleinen Flur hinein. Maras Fragen überstürzen sich: »Seit wann bist du wieder hier im Haus? Wie bist du zu der Wohnung gekommen? Wie ist es dir ergangen, seit ich weg war?«

Vicky zieht ihre Tochter in eine kleine Küche und schaut sie nun ihrerseits von oben bis unten an: »Du bist ja noch einmal gewachsen, Kind! Und du hast jetzt kein Kindergesicht mehr, sicher hast du viel erlebt! Ach, es gibt so viel zu berichten, aber jetzt sind wir wieder zusammen und haben Zeit dafür. Ich mache uns jetzt etwas zu essen und du kannst dich so lange hier umschauen; dein Bett ist schon lange bereit!«

Im »Schwalbennest« herrscht fröhliches Durcheinander: Es ist Samstag, kurz nach dem Mittagessen, und ab 14 Uhr ist freier Ausgang angesagt bis zum Abendessen um 19.30 Uhr. Doch vorher müssen alle Mädchen noch die »Läuse-Prüfung« bestehen. Nur wer frei ist von den Plagegeistern, darf das Haus verlassen. Für die ungeliebte Prozedur ist Mara zuständig. Wenn sie bei ihrer sorgfältigen Untersuchung ungeladene »Gäste« im Haar eines Mädchens findet, wird ihm von Mara der Kopf gewaschen und mit Petroleum und anderen Mitteln behandelt: Der Ausflug wäre damit gestrichen. Für beide.

Heute macht Mara keine Beute. Erleichtert zieht sie das Kopftuch herunter, mit dem sie sich selbst vor möglichen »Springern« von anderen Köpfen schützt und lässt sich auf einen Stuhl fallen. Am liebsten würde sie auf der Stelle einschlafen! Doch das Wochenende gehört Vicky, und Mara genießt es, bei ihr zu sein und von ihr umsorgt zu werden. Diese Aussicht bringt sie wieder auf die Beine. Rasch packt sie ein paar Sachen zusammen, darunter auch die Schulbücher für Montag. Nach einer kurzen Verabschiedung von Frau Kleber, der Haushälterin im Schwalbennest, rennt sie zur Tram-Haltestelle.

Seit ihrer Rückkehr ins befreite Brüssel sind mehr als sechs Monate vergangen. Ab Oktober 1944 hatte das jüdische Hilfswerk AIVG begonnen, Kinderheime aufzubauen, um verlassene, heimatlose Kinder und Jugendliche aus den befreiten westlichen Gebieten aufzunehmen.

Für das »Schwalbennest« war ursprünglich ein Kontingent von etwa fünfundzwanzig Mädchen zwischen 10 und 14 Jahren vorgesehen. Inzwischen bevölkerte eine heterogene Gruppe von vierzig Bewohnerinnen das Haus, bis zum Alter von fast 20 Jahren. Sie waren direkt oder auf Umwegen aus Konzentrationslagern gekommen, die die vorrückenden alliierten Truppen bereits befreit hatten.

Mara hatte sich noch im Herbst bei der AIVG um Unterstützung beworben, um endlich wieder das Gymnasium besuchen zu können. Die Bewilligung erhielt sie prompt und ist seither Schülerin der »Section préuniversitaire de l'Ecole Dachsbeek«. Im Frühjahr 1945 kam ein unerwarteter Vorschlag von der AIVG: Anstelle des ihr zustehenden Betrages für die Lebenshaltungskosten könne sie im »Schwalbennest« leben und dort »kleine Hilfsdienste« neben der Schule übernehmen. Trotz Vickys Einwänden sagte Mara sofort zu, verlockt von der Aussicht, nicht mehr Einzelkind und Einzelkämpferin zu sein.

Horror und Chaos machen allerdings auch vor der Haustür vom »Schwalbennest« nicht halt. Chaos produziert schon allein die Überbelegung des Hauses. Sie erfordert eine immer wieder wechselnde Belegung der Räume, um den Neuankömmlingen wenigstens ein Bett anbieten zu können. Längst schon mussten die Aufenthalts- und Spielräume zu Schlafräumen umgewidmet werden; das »Esszimmer« ist inzwischen zum »Speisesaal« ausgeweitet worden.

Die Sprachenvielfalt schafft viele Missverständnisse; am besten gelingt die Verständigung in einer Mischung aus Jiddisch und Deutsch. Und der Horror? Er ist ein illegitimer, gefürchteter Mitbewohner des Hauses. Er hat viele Erscheinungsformen. Mara begegnet er sehr bald in der Wiederkehr eigener früherer Albträume, aus denen sie sich ebenso gelähmt ins Leben zurückquält wie einst.

Nachtgestalten, die schreiend, mit aufgerissenen Au-

gen und abwehrenden Armbewegungen, aus den
Schlafräumen durchs Haus stolpern, erzählen ihr
bildlich die schlimmen und schlimmsten Erlebnisse,
die hinter ihnen liegen, aber für immer in ihnen ein-
gebrannt sind wie die KZ-Nummern in ihren Armen.
Ein Horrorerlebnis anderer Art setzt Mara mehrmals
zu. Ein Anrufer berichtet, die Mutter eines der Mädchen, Sibylle, sei relativ gesund aus dem KZ befreit
worden. Sie suche nun ihre Tochter, deren Suchan-
trag nach der Mutter in allen Punkten mit den Angaben der befreiten Mutter übereinstimme. Diese komme nun in einigen Tagen nach Brüssel, um ihre
Tochter aus dem Heim abzuholen.
Überglücklich überbringt Mara dem 13-jährigen
Mädchen spontan die befreiende Nachricht. Glücks-
gefühle und aufkeimende Hoffnungen weiten alle
Herzen im Haus: »Es könnte ja sein..., vielleicht...,
wenn ich ganz fest dran glaube...«
Am Tag darauf meldet sich der gleiche Anrufer; leider müsse er mitteilen, dass es sich um einen Irrtum
handle; eine Verwechslung, die Mutter ihres Schütz-
lings sei vergast worden. So behutsam wie möglich
bringt Mara Sibylle die Nachricht von dem schwer-
wiegenden Irrtum des Kontaktbüros bei. Sie hält sie
dabei fest im Arm, wiegt sie wie ein Baby. Das Gas
erwähnt sie nicht. Schließlich holt sie zwei Mädchen,
die mit Sibylle das Zimmer teilen, klärt sie auf und
bittet die beiden, Sibylle jetzt nicht allein zu lassen,
sie, wenn möglich, zum Reden zu bewegen. Nach
diesem Erlebnis schreckt Mara vor jedem Anruf erst
einmal zurück, den sie aus dem Kontaktbüro annehmen muss: Zu tief hat es sie getroffen, dass sie selbst,
durch ihre arglose Spontaneität eine Euphorie aus-
gelöst hatte, die sie anderntags wieder zerstören

musste. Sie fühlt sich schuldig an der bleiernen Stimmung, die seither über dem Haus liegt.

Jetzt wartet sie einige Tage, wenn wieder ein gesuchter Angehöriger als lebend gemeldet wird, und fragt dann ausdrücklich die Bestätigung der Angaben im Kontaktbüro noch einmal ab – der Albtraum soll sich nicht wiederholen!

Immer wenn wieder eine Rückkehrerin aus dem KZ ins »Schwalbennest« einzieht und in Bruchstücken von ihrem Erleben berichtet, wird Mara von einem Gefühl diffuser Schuld angefallen; sie schämt sich, weil sie nicht, wie etliche der Mädchen, in der Hölle gewesen ist; sie hat ja »nur« deren Vorhöfe kennengelernt. »Warum ich? Warum wurde ich vom Schlimmsten verschont?« Auf diese Frage wird sie ihr Leben lang eine Antwort suchen. Sie wird ihr Denken und Tun prägen. Es kommt ihr selbst paradox vor, dass sie sich auch hier, als Verfolgte unter Verfolgten, nicht wirklich zugehörig fühlen kann.

Die Eigendynamik des unberechenbaren Alltags im Haus und die hohen Anforderungen in der Schule hindern Mara daran, dieser und anderen Fragen nachzugehen. Wenn sie versucht, mit Vicky darüber zu sprechen, lenkt diese das Gespräch in Richtung Zukunft: »Sei einfach froh, dass die Zeit überstanden ist! Haben wir nicht genug durchgemacht, auf unsere Weise? War ja alles bitter genug. Du hast wenigstens das Leben noch vor dir – mach was draus.«

Sie hat ja mehr als recht. Wenn Mara versucht, ihre einst strahlend schöne, elegante Mami in der grauhaarigen, abgearbeiteten Frau wiederzufinden, wird ihr klar, dass Vicky die besten ihrer noch nicht ganz 50 Jahre um das gemeinsame Überleben gekämpft hat. Nun ist sie wie ausgebrannt.

Mara merkt, dass Vicky ihr die Regie über ihr eigenes Leben übergibt. Ein Vertrauensbeweis? Ein resignativer Schritt, aus Erschöpfung und der Einsicht, dass Mara schon lange eigene Wege geht?

Die Tram ruckelt von Anderlecht zur Stadtmitte. Fast wäre Mara zu weit gefahren, so vertieft ist sie in ihr Biologiebuch. Im Heim reicht ihr die Zeit nie, um sich gründlich für den Unterricht vorzubereiten, deshalb nutzt sie die Zeit, der täglichen Tramfahrt zur Wiederholung der Lernfächer. Heute steht eine Biologieprüfung bevor.

Die Schule im Lycée Dachsbeek in einer der kleinen Straßen nahe dem Petit Sablon erlebt Mara als tägliche Erholung. Wie ausgedörrt nimmt sie auf, was das Programm der »Section pré-universitaire« in geballter Form den Schülerinnen bietet. Fast alle sind durch Krieg, Flucht und Migration aus der normalen Schullaufbahn katapultiert worden. Die Anforderungen an Lernbereitschaft und Durchhaltewillen sind hoch. Der Unterricht wird in beiden Landessprachen mit Schwerpunkt Französisch erteilt: Latein, Griechisch, Englisch; Mathematik, naturwissenschaftliche Fächer mit Schwerpunkt-Wahlmöglichkeit; Kunstgeschichte oder Musik – ein kompaktes, anspruchsvolles Programm für nur drei Jahre.

Immer noch beeindruckt, denkt Mara zurück an die erste Griechischstunde. Madame Chevallier, eher klein und etwas rundlich, war erst nahe der Tür stehen geblieben und hatte in aller Ruhe die Mädchen einzeln in Augenschein genommen, dann ihren Stuhl hinter dem Pult vorgezogen, sich direkt vor die Bankreihen gesetzt und lächelnd gesagt:

»So, jetzt schließt mal die Augen, öffnet die Ohren ganz weit und nehmt die wunderbare griechische Sprache mit der Seele auf.« Dann begann sie, aus Homers Odyssee vorzulesen, wohl eine Viertelstunde lang... Es war einfach wunderschön... Danach freilich wurde der Einstieg in die komplexe Sprache ein eher steiniger Weg. Doch Mara geht ihn gern. In ihr wächst die Sehnsucht eher noch, tiefer in diese südlichere Kultur einzutauchen.

Inzwischen ruhen in Europa tatsächlich die Waffen! In den Zeitungen ist zu lesen, dass in der Nacht vom 7. zum 8. Mai 1945 der deutsche Generalfeldmarschall Keitel in Reims die von ihm unterzeichnete Kapitulationsurkunde dem US-General Eisenhower übergeben hat – für einen Augenblick steht die Zeit still.

Doch dann wächst das Grauen nach den Enthüllungen der verbrecherischen Taten, die deutsche Besatzer in den eroberten Gebieten begangen haben. Das Ausmaß der Massaker und die kaum fassbaren Folgen für jeden einzelnen Überlebenden lassen keinen Trost zu.

Zugleich bringt jeder neue Tag im Chaos der gegenwärtigen Umbrüche für den Einzelnen schwierige Prüfungen:

»Wie komme ich wieder zu meinem eigentlichen Namen, wenn alle Dokumente fehlen?«

»Wen gibt es noch von meinen Angehörigen? Wie und wo finde ich sie?«

»Was wird überhaupt aus mir?«

Die bürokratischen Probleme und die existenziellen Fragen fordern alle Aufmerksamkeit und helfen zugleich den Überlebenden, die Fratzen des Entsetzens erst einmal wegzuschieben.

Mara ist jetzt häufiger am Wochenende bei Vicky zuhause. Vicky hat ihre Tätigkeit bei Familie G. wieder aufgenommen, nachdem das Ehepaar sein Juweliergeschäft nach Ende der Besatzungszeit neu eröffnen konnte. Jetzt ist sie zuständig für die gesamte Haushaltsführung – wie einst die treue Lene bei ihr, in einem unwirklich fernen Leben.

Wenn Mutter und Tochter abends zusammensitzen, warten die Geschehnisse der vergangenen Jahre in den Kulissen nur auf ein Stichwort, um sich im Dialog zu entfalten. Doch in unterschwelligem Einverständnis meiden beide alle Themen, die unverheilte Wunden berühren könnten. Sie sprechen den Namen »Fred« nicht aus – er steht in so riesigen Lettern zwischen ihnen, dass sie einander nicht mehr erreichen können, wenn sie ihn nur denken. Sie sprechen nicht von Vickys Arbeit im deutschen Offizierskasino, mit der sie Fred und Mara vor dem Verhungern bewahrt hat. Es fällt auch keine Andeutung an Maras traumatische Erlebnisse, 1939 im Niemandsland, vor Erreichen der belgischen Grenze, auch ihre wiederkehrenden Albträume kommen nicht zur Sprache. In weitem Abstand umkreisen sie die Jahre der drei Einsamkeiten von Vicky, Fred und Mara in der Enge des gemeinsamen Dachzimmers.

Beide tragen unauslöschliche Bilder in sich. Sie verdrängen Scham, Demütigungen und Ängste, ungelöste Fragen – es gibt noch keine Wörter für dieses innere Brodeln. Noch nicht. Dagegen taucht in den Gesprächen häufig der Name »Walter« auf, eine Rettungsinsel im Meer des Unansprechbaren.

Während der Kriegsjahre hatte Walter immer wieder Mittel und Wege gefunden, Mara eine Botschaft zukommen zu lassen, meist über einen Kameraden, der versetzt wurde oder in Heimaturlaub fuhr. Walters Grüße wurden in einem nahen Lebensmittelgeschäft bei vertrauenswürdigen Leuten abgegeben. Dort warteten sie auf Mara oder Vicky, die alle paar Tage zum Einkaufen im Laden erschienen. So hatten sie es vor Walters Versetzung an die Ostfront miteinander vereinbart.

Meist waren es kurze Briefe, eher Notizen, die beweisen sollten, dass er noch lebt. Hier und da kam auch ein kleines Lebensmittelpaket, einmal sogar einige Kleidungsstücke, die seine Schwägerin Käthe aus dem Schwarzwald an ihn für Mara geschickt hatte. Ihr selbst war es nur ein einziges Mal gelungen, Walter einen Dankesgruß zurückzuschicken.

Im Dezember 1945 sind die Verbindungswege Deutschlands mit dem Ausland über Post, Bahn oder Telefon für die Zivilbevölkerung noch nicht freigegeben. Allerdings ist es erlaubt, vom Ausland Post nach Deutschland zu versenden, die natürlich der Zensur unterliegt.

Lange schwankt Mara, ob sie an Käthe schreiben soll, um sich nach Walter zu erkundigen. Tief innen spürt sie panische Angst vor einer Hiobsbotschaft und schiebt das Vorhaben immer wieder vor sich her. In ihrem Denken und Wünschen, zunehmend auch in ihren Träumen, ist Walter zu einer Lichtgestalt geworden, die außerhalb der realen männlichen Umwelt ein Eigenleben führt und auf geheimnisvolle Weise in ihr Dasein hineinwirkt.

Schließlich ist es Vicky, die sie energisch auf ihr Vorhaben hinweist: »Wann, wenn nicht jetzt, zum Jahreswechsel?«

Und dann, in der Silvesternacht, kurz bevor die Glocken das erste Friedensjahr einläuten, schreibt Mara

bei Kerzenschein an Käthe: »Liebe Käthe Rau! Endlich, endlich ist auch das letzte Kriegsjahr vorüber!
Leid und Chaos in der ganzen Welt lassen zwar Erleichterung, aber keine Herzensfreude aufkommen.
Zu viele Ungewissheiten lasten auf zu vielen Menschen. Ich schreibe Ihnen heute, weil ich, und auch
meine Mutter, so oft – in Sorge und Hoffnung zugleich – an Sie und die Familie Rau denken. Ich weiß,
dass Sie mir nicht antworten können. Aber – wenn er
lebt (?!) – finden Sie bitte einen Weg, Walter von uns
zu grüßen, bitte! Wir denken an Sie, mit guten Wünschen und Hoffnung im Herzen: Ihre Vicky und Mara
Benda«.

Im Verlauf des Sommers 1945 kehrt im »Schwalbennest« allmählich mehr Ruhe ein. Neuaufnahmen
müssen nicht mehr überstürzt bewältigt werden.
Nach klaren Absprachen mit den beteiligten Gremien
werden sie intern vorbereitet. Jedes neue Mädchen
bekommt einen kleinen persönlichen Empfang und
eine Vertrauensperson für die Einführungszeit zugewiesen.

Im Zusammenleben der ungefähr vierzig Bewohnerinnen des Hauses entwickeln sich nach und nach
Rhythmen und Regeln, die einen normalen Alltag ermöglichen.

Mangel an geschultem Personal bringt kreative Ideen
hervor. Zum Beispiel nimmt jedes der älteren Mädchen (15 bis 18 Jahre) eine »Kleine« (10 bis 14 Jahre)
in ihre persönliche Obhut. Die »Mentorin«, so die
Vorstellung der Heimleiterin, soll bei ihrem Schützling vor allem für reibungslose Abläufe sorgen, um
die beiden einzigen ausgebildeten Erzieherinnen zu
entlasten. Es geht dabei um Pünktlichkeit im Tagesablauf, um Unterstützung bei den ungewohnten
Hausaufgaben, um »schwesterliche« Zuwendung und
Tröstung in Krisenmomenten.

Diese Nähe führt, wie von selbst, zu gegenseitigem
Austausch von Erlebnissen mit oder ohne Eltern in
einem KZ oder in geheimen Unterkünften, bei muti-
gen Unbekannten. Nicht wenige von diesen »Duos«
überdauern die »Schwalbennest«-Jahre.

Als Léa ins »Schwalbennest« einzieht, ist es zufällig
Mara, die ihr die Tür öffnet. Vor ihr steht eine kleine
Gestalt, in sich zusammengezogen, die Hände vor der
Brust ineinander verknotet. Leise stellt sie sich vor,
hört, dass sie erwartet wird. Aufmerksam schaut sie
erst Mara an, dann folgen ihre Augen einer kleinen

Gruppe, die fröhlich kreischend die Treppe hinauf-
tobt, kehren wieder zu Mara zurück, fragend. Da
breitet Mara spontan die Arme aus und zieht sie an
sich:»Willkommen, Léa – hier bist du jetzt zuhause!«
Ohne dass es den beiden gleich klar ist, aus ihnen
wird ein neues»Duo«: Léa und Mara, die kleine und
die große Schwester. Sie werden es lebenslang fürei-
nander bleiben.

Die Aufgaben, die den Mentorinnen zugedacht sind,
treffen bei ihnen auf unterschiedliche Begabungen
und ebenso auf unterschiedliche Akzeptanz bei den
Schützlingen. Ihr Grundmisstrauen gegenüber jeder
Form von»Herrschaft«, unter der alle, direkt oder in-
direkt, gelitten hatten, ist tiefgründig. Schlägt eine
Mentorin einen etwas lauteren oder gar autoritären
Ton an, was meist aus eigener Hilf- oder Ratlosigkeit
geschieht, so provoziert dies sogleich Verweigerung,
in stumm-verbissenem Trotz und passivem Widerstand. Einzelne reagieren aggressiv, ausfällig, bis hin
zu tätlichen Angriffen.

Abendliches Vorlesen oder Singen werden hingegen
meist geliebt, auch von den Älteren. Dann sitzt z.B.
die 17-jährige Rosel mit ihren durch Kinderlähmung
verkürzten und verformten Beinen bei Malina, die
sich fest in ihre Decke gekuschelt hat und aus lauter
Behagen am Bettzipfel lutscht. Und Rosel, die beiden
unverzichtbaren Stöcke neben sich, liest ihr eine Geschichte aus der neueren Besiedelung Israels vor.

Da hört nicht nur Malina atemlos zu, auch die vier
Mitbewohnerinnen sind gefesselt von den Erlebnissen der jungen Pioniere.

Das heikelste Kapitel für beide im Duo ist die Kör-
perpflege. Gewohnt, in Rekordzeit zum Morgenappell
auf dem Lagerplatz zu erscheinen, genügt es etwa

Lore – erst vor Kurzem aus einem KZ befreit – morgens mal eben das Gesicht und die Arme unter den Wasserhahn zu halten. Helga, ihre Mentorin, bemerkt es. Wie die meisten Jugendlichen hat auch sie nicht gelernt, die intimen Körperbereiche und ihre Funktionen korrekt zu benennen. Sie holt sich Rat bei der Heimleiterin, einer Ärztin.

Am Abend entwickelt sich dann folgende Szene im Waschraum, vor den Duschkabinen. Als Helga Lore vor der geöffneten Tür der Kabine das weitere Vorgehen erklären will, schreit Lore auf: »Nein! Nein! Hier geh ich nicht rein. Da kommt dann das Gas runter und ich sterbe! Neeeiiin… Nein! Ich geh da nicht rein!«

Helga will ihr zeigen, dass wirklich nur klares, warmes Wasser aus der Dusche kommt. Doch mit panisch aufgerissenen Augen zieht Lore sie auf die andere Seite zu den Waschbecken, wo ab jetzt jeden Abend die Waschzeremonie stattfindet. Die Dusche benützt Lore auch später nie.

Der Onkel in Amerika

Während sich 1946 in der großen Politik neue Fronten formieren im Kalten Krieg zwischen den westlichen Ländern, und der kommunistischen Sowjetunion, versuchen die Menschen weltweit, ihr individuelles und gemeinschaftliches Leben in der Zeit des Mangels neu zu organisieren. Im Alltag der »Schwalbennest«-Bewohnerinnen werden jetzt immer konkretere Fragen nach der nächsten Zukunft laut. Julia fragt:»Meine Tante in England hat mich jetzt ausfindig gemacht, und ich will unbedingt zu ihr, ich mag sie so sehr! Muss ich wirklich bis Ende dieses Schuljahrs im Sommer hierbleiben?« Hélène möchte ein Schuljahr überspringen, um schneller nach Palästina ausreisen zu können, obwohl die Engländer, als Noch-Besatzer, solche Bemühungen konsequent blockieren. »Ich will aber meinen Staat Israel mit aufbauen – wir brauchen endlich ein eigenes Land! Lernen kann ich auch dort, wenn ich im Kibbuz lebe!« Stolz und leidenschaftlich vertritt sie ihr Anliegen.

Abends, am improvisierten Lagerfeuer, manchmal auch zusammen mit Jungengruppen aus den näheren Jungenheimen, wechseln heiße Diskussionen mit hebräischen und jiddischen Liedern ab. Mentorinnen haben zunehmend ihre liebe Not, den jüngeren Mädchen Geduld abzufordern in ihrer wachsenden Sehnsucht nach Selbstbestimmung und Freiheit: Damit sind immer stärker Ausreisen in andere Länder gemeint, vor allem nach Israel, dem »Gelobten Land«.

Auch für Mara stellen sich Zukunftsfragen. Doch die Unruhe im »Schwalbennest« braucht ihre ganze Aufmerksamkeit als Mentorin; auch die Anforderungen in der Schule lassen ihr weder Zeit noch Ruhe, sich mit ihren persönlichen Problemen zu befassen.

Inzwischen hatte Vicky in aller Stille den jüngsten

Bruder ihres verstorbenen Mannes, Hans Benda, in
den USA ausfindig gemacht. Er ist nach einer aben-
teuerlichen Flucht durch mehrere Länder in den Ver-
einigten Staaten gelandet und leitet in Kalifornien
eine psychiatrische Klinik. Seine Frau Hella, ob ihrer
Schönheit schon immer von Mara bewundert, wurde
auf der Flucht erschossen.

In einem Brief an Hans hatte Vicky von ihrer und Maras aktueller Situation berichtet und angefragt, ob er
sie beide finanziell und bei der Einreise in die Staaten unterstützen und danach Maras Wunschstudium
»Medizin/Psychiatrie« fördern könne.

Mara erfährt von dieser Initiative erst, als Hans' Antwort eintrifft, die alle Hoffnungen zunichtemacht.
Ohne Umschweife lehnt er eine Unterstützung ab.
Mara könne nur als Schneiderin, Kürschnerin oder
in der Gastronomie auf Ausbildungs- und Arbeits-
möglichkeiten rechnen. Und er sei – nach eigenen
schweren Jahren – gesundheitlich weder in der Lage
noch bereit, sich langfristig zu engagieren. »Mit guten Wünschen für eine andere Lösung. Hans.«

Weinend erzählt Vicky an einem Abend von ihrer Initiative und der kaltherzigen Abfuhr durch ihren
Schwager. Mara sieht, wie tief Vicky getroffen ist, und
ahnt dunkel, dass sie den Brief an Onkel Hans schon
lange innerlich mit sich herumgetragen hat.

Zugleich fühlt sie sich übergangen. Nie hatte sie
selbst den Wunsch geäußert, nach Amerika auszu-
wandern. Sicher, im »Schwalbennest« löst das »Land
der unbegrenzten Möglichkeiten« immer wieder
schwelgerische Phantasien aus. Und zwei der Mädchen sind – auf Initiative dort angesiedelter Verwand-
ter – mit freudigen Erwartungen ausgereist.

Nein. Sie will erst im alten Europa Medizin studieren.

Danach, so schwebt ihr vor, will auch sie in die Welt hinaus. Aber gut gerüstet, um in der Fremde ihr Leben im Dienst kranker Menschen nach eigenen Vorstellungen aufbauen zu können.

Bewegt durch Vickis Enttäuschung, sucht Mara nach den passenden Worten: »Willst du denn selber so gern nach Amerika? Oder willst du das eigentlich für mich, für meine Zukunft?«

Vicky atmet tief durch: »Natürlich hab ich geträumt, dass auch ich einmal sorgloser leben würde, wenn ich dich auf deinem Weg versorgt wüsste, ja – dass womöglich auch einmal für mich gesorgt würde. Hans ist der Bruder von Papi, er ist gewiss wohlhabend, er hat keine Kinder... Ach, wie konnte ich nur so naiv sein und denken...« Vicki steht auf und geht im Zimmer umher: »Jetzt schäme ich mich auch noch, dass ich mir die Ohrfeige abgeholt habe ...«

Nah wie selten fühlt Mara mit Vicky in dieser Scham über diese Selbsterniedrigung. Wie oft hat sie sich selbst gehasst, wenn die Not sie zu ähnlichen »Kniefällen« gezwungen hatte. Sie legt Vicky die Arme um den Hals und drückt sie fest an sich: »Du musst dich überhaupt nicht schämen! Und du musst dich nicht um mich sorgen! Ich bin jung und ich kann arbeiten, das weißt du doch. Ich werde es ganz sicher schaffen, glaub mir nur und schau, dass du gesund bleibst! Die letzten Jahre hast du für uns geschuftet, für Fred und für mich. Jetzt sollst du auch an dich und dein eigenes weiteres Leben denken... «

Vicky lächelt: »Eigentlich ist es ja auch schön, wenn wir hier noch eine Weile zusammenbleiben können – du solltest nur öfter bei mir sein. Überleg mal, ob du nicht wieder hier bei mir wohnen willst... Die beiden Zimmer reichen uns doch.«

148

1946 ist das erste volle Friedensjahr in Europa. Nichts ist mehr, wie es einmal war. Das spürt auch Mara bei sich selbst. Seit sich der Alltag im »Schwalbennest« so eingespielt hat, dass sie nicht mehr auf Abruf für Notfälle verfügbar sein muss, kann sie sich besser auf die eigenen Sorgen – vor allem auf den vielfältigen Lernstoff der Schule – konzentrieren.

Das Gespräch mit der Mutter hat ihr nicht nur die Augen geöffnet für Vickys Einsamkeit und ihre Zukunftsängste. Beides geht ihr zu Herzen und beschäftigt sie. Auf einmal wird ihr auch bewusst, dass sie sich mit der eigenen Zukunft noch gar nicht befasst hat. Nur eines ist ihr schon länger klar – dass sie Ärztin werden will. Aber wie wird dies zu machen sein? So rasch wie möglich muss sie die Voraussetzungen für ihr Medizinstudium in Belgien klären und sich um ein Stipendium kümmern.

Es ist Juni. Zum Glück liegen noch etwa 18 Monate Unterricht vor dem »Baccalauréat«, dem Abitur. Mara ahnt aber, dass sich neue Hürden auf dem Weg dahin aufbauen können…

Und tatsächlich: Zwar steht dem Medizinstudium – nach bestandener Aufnahmeprüfung an der Fakultät – nichts im Weg. Doch mit einem Stipendium kann sie als Ausländerin, mit jeweils befristeter Aufenthaltsgenehmigung, nicht rechnen.

Nun beginnen weit gespannte Beratungen: mit Vicky, mit der Schule, der Heimleiterin vom »Schwalbennest«, auch mit der AIVG, die für ihren Lebensunterhalt und die Krankenversicherung aufkommen wird. Vicky freut sich auf das gemeinsame Wohnen. Die Schule sichert ihr fachliche Unterstützung zu, wenn sie nicht weiterweiß. Die Heimleiterin lässt »ihre rechte Hand« nur ungern ziehen.

Auch einige der Bewohnerinnen sind über ihren Weggang betrübt. Léa verweigert sogar so lange den Kontakt, bis Mara ihr verspricht, sie oft einzuladen – mit herzlicher Zustimmung von Vicky, die sie schon kennt und als Maras »kleine Schwester« angenommen hat.

Maras Alltag wird nun anders. Sie muss vor allem Geld verdienen und es ansparen, um zum Studium überhaupt zugelassen zu werden – unabhängig vom Ergebnis der Eignungsprüfung an der medizinischen Fakultät.

Schon bald hat sie einige Nachhilfeschüler. Viel verdient sie damit nicht. Doch jeder Franc ist kostbar. In den Sommerferien verdingt sie sich wieder auf dem Großmarkt; diesmal gegen vorher vereinbarte Bezahlung. Sie arbeitet hart. Vicky umsorgt sie, so gut sie kann, sie ist besorgt über die dunklen Ränder unter ihren Augen. Abends, wenn Mara über den anspruchsvollen Hausaufgaben sitzt, kann sie auch energisch werden und sie ins Bett schicken. Sie könne ja kein Studium beginnen, wenn sie krank werde. Mara reagiert gereizt. Sie sieht keinen anderen Weg, um ihr ehrgeiziges Ziel zu erreichen. Vicky kann ihr dabei auch nicht mehr helfen.

Auch in der Schule spürt Mara ihre Müdigkeit. Während Madame Chevallier an einem sonnigen Septembertag eine griechische Satzkonstruktion an der Tafel erläutert, rutscht Mara langsam von ihrem Stuhl und landet mit einem dumpfen Laut auf dem Boden. Zwar erholt sie sich bald wieder von ihrer Ohnmacht, unterstützt von den erschrockenen Mitschülerinnen, doch Madame Chevallier bleibt alarmiert und schickt sie mit einer Begleiterin nach Hause. Vicky erfährt nichts von dem Vorfall.

Zwei Tage später wird Mara in das Lehrerzimmer gerufen. Dort erwarten sie neben Madame Chevallier auch die Biologin Madame Hannevart und Madame R., Lehrerin für französische und spanische Literatur. Mara wird beklommen, obwohl ihr alle drei Frauen ermutigend zulächeln. »Du bist hier nicht vor Gericht, Mara, mach nicht so ein Gesicht«, scherzt Madame R. »Erzähl uns lieber, was dich so belastet, dass du krank geworden bist. Wir haben wohl bemerkt, dass du immer blasser und immer dünner wirst.«

Mara berichtet, anfangs stockend, dann immer begeisterter von ihren Plänen. Sie wird leiser, als sie auf die Hindernisse zu sprechen kommt, die sie nur mit vollem Einsatz ihrer Kräfte überwinden könne. Schweigend, voll empathischer Konzentration, hören die Lehrerinnen ihr zu. Sie stellen keine Fragen, wollen aber am Tag darauf noch einmal mit ihr sprechen. Aufgewühlt und ein wenig verwirrt verlässt Mara den Raum. Beim Erzählen ist ihr wieder ganz klar geworden: dass sie es schaffen will.

Erst vor einer Stunde ist sie in Mariakerk bei Ostende angekommen. Mühelos hat sie die kleine Pension gefunden, wo Madame Hannevart sie angemeldet hatte, und wurde gleich von der lebhaften, rundlichen Hausfrau zu ihrem Zimmer geleitet. Als sie das Fenster öffnet, hört sie das Meer rauschen – und wenn sie sich weit hinauslehnt, kann sie einen Zipfel von seiner blaugrauen Oberfläche sehen. Sie will nichts essen, nichts trinken, nichts auspacken – nur hinunter zum Strand, das Wasser um ihre nackten Füße spüren.

Nein – es ist kein Traum, sie ist hier in der salzig-lauen Luft, Wind und Sonne, versinkt mit ihren nackten Füßen im Sand. Vor einer Woche war sie wieder vor das Trio der Lehrerinnen geladen worden. Madame Chevallier hatte ihr dann – mit einer Mischung aus Vergnügen und ernsthafter Entschlossenheit – verkündet, dass sie drei sich zusammengetan haben, um ihr die dringend notwendige Ruhepause zu ermöglichen. »Madame Hannevart hat einen Erholungsort für dich aufgetan, am Meer, bei Ostende, und dich dort für zehn Tage angemeldet, mit Vollverpflegung und täglichen Ruhepausen. In einer Woche wirst du dort erwartet… Und da wünschen wir keine Widerrede: Du brauchst es einfach!«

Mara sah damals, wie gespannt ihre Lehrerinnen auf ihre Reaktion warteten. Sie überließ sich ihrer aufschießenden Freude und umarmte wortlos jede der drei so unterschiedlichen Frauen, die ihr dieses großherzige Geschenk machten.

Und nun steht sie wirklich hier am Strand. Sie schaut und schaut und horcht in das anbrandende und abfließende Wasser hinein…

Undeutlich tauchen frühe Bilder in ihr auf: Mami im

Strandkorb mit Buch und Zigarette, sie selbst, ein kleiner gebräunter Nacktfrosch, gräbt eifrig an einem Wassergraben um eine hohe Sandburg herum; dann später im Kleidchen auf dem Dreirad, mit Mami im Gefolge: eine Dame, die auffällt auf der Promenade. Schließlich wie sie jauchzend einen Reifen vor sich her treibt – immer schneller, bis plötzlich ein Junge ihn schnappt und mit ihm davonrennt, verschwindet. Nein – es ist kein Sommer ihrer frühen Kindheit. Es ist der 19. September im Jahr 1946, und in wenigen Tagen wird sie 18 Jahre alt sein.

Uneigennützige Menschen haben ihr diese Tage am Meer zum Geschenk gemacht, damit sie erholen kann, sie soll neue Kräfte sammeln und dann ihr Leben wieder selbst in die Hand nehmen.

Tief atmet Mara die salzige Luft ein, spannt ihren Körper an und spürt die pulsierende Freude am Dasein, sie rennt am Wasser entlang und schreit jubelnd in den abendkühlen Wind.

Mit neuem Elan nimmt Mara ihren Alltag wieder auf. Das Zusammenleben mit Vicky hat inzwischen einen eigenen Rhythmus entwickelt; gemeinsame Unternehmungen sind selten – am ehesten, wenn Léa bei ihnen ist. Léa hat jetzt ihre Schulzeit abgeschlossen und drängt auf die Ausreise nach Palästina. Mara redet strikt dagegen an: Es sei doch derzeit selbstmörderisch, dorthin zu reisen, da die Engländer jedes Schiff daran hinderten, sich der Küste zu nähern. Selbst wenn es ihr gelänge, an Land zu kommen, werde sie sofort als Feindin behandelt und interniert. Aber Léa fordert ihre Unterstützung: »Manchmal denke ich, du kannst mich nicht verstehen, weil du überhaupt nicht weißt, wie es ist, buchstäblich mutterseelenallein zu sein!« Hier hört Mara auf zu argumentieren. Denn Léa kann nicht ahnen, wie ganz anders allein und verlassen auch sie sich in den beiden Jahren der »drei Einsamkeiten« gefühlt hat Sie versteht Léa, bangt aber wirklich um ihr Leben.

An einem Dezembertag wird Mara vom Ehepaar Perelman zum Mittagessen eingeladen. Die Perelmans sind aktive Unterstützer des »Schwalbennests« seit dessen Gründung – nicht nur finanzielle Unterstützer, auch kulturelle Förderer in verschiedenen Bereichen.

Besonders Madame Perelman wird als Mittlerin in kritischen Personalfragen geschätzt, ebenso als taktvolle, oft launige Moderatorin bei den monatlichen »Hausversammlungen«. In diesen Konstellationen hat sie Mara genauer kennengelernt, sich ihr auch persönlich zugewandt und nun zu einem »etwas besonderen Mittagessen im kleinen Kreis eingeladen.

Nachdem Mara das Kleiderproblem einigermaßen zufriedenstellend gelöst hat, stellt sie sich mit einem

*Mara mit Léa,
ihrer »kleinen
Schwester«.*

kleinen Rosenstrauß in dem herrschaftlichen Haus
der Perelmans ein. Sie wird herzlich empfangen und
den beiden anderen Gästen vorgestellt: Yehudi Menuhin und seiner Schwester Hephzibah. Mara glaubt
zu träumen: Sie wird mit dem berühmten Geiger, den
sie seit Langem verehrt, am gleichen Tisch sitzen,
mit ihm persönlich sprechen – wie hat sie sich das
verdient? Verwirrt schaut sie hinüber zu Madame Pe-

relman, die ihr nur vergnügt zublinzelt und später zuflüstert:»Die beiden werden nachher auch noch etwas für uns spielen...«

Das festliche Essen wird gewürzt von lebhaftem Geplauder. Mara ist ganz Ohr und im Übrigen damit beschäftigt, der Hausfrau unauffällig den Umgang mit der Vorspeise abzugucken: Meerestiere standen bisher nicht auf ihrem Speisezettel. Zugleich verfolgt sie das Gespräch, versucht Zwischentöne und die nachdenklichen Pausen zu deuten.

Schließlich ist es Monsieur Perelmann, der das Thema anschneidet, das Mara derzeit brennend interessiert:»Jehudi, wie schätzen Sie zur Zeit die Entwicklung in Palästina ein?«

Es vergeht eine Weile, bis Menuhin eine Antwort findet:»Nun – Sie wissen, dass ich direkt von Berlin komme. Es war mir wichtig, Furtwängler zu seinem Freispruch durch die Entnazifizierungskammer zu gratulieren – ich freue mich darauf, bald mit ihm wieder Konzerte zu machen! Wir haben dann auch über Palästina gesprochen. Die Situation dort steht Spitz auf Knopf. Die Israelis machen Aufstände und Anschläge auf die Engländer, und die verweigern den Schiffen voller Einwanderungswilliger die Zufahrt zum Hafen, knallen verzweifelte Schwimmer im Wasser ab, internieren die, die es schaffen, an Land zu kommen – es ist die Hölle! Spätestens im nächsten Jahr muss eine friedliche Lösung her; wahrscheinlich wird England das Mandat zurückgeben – dann müssen sich Juden und Araber untereinander einigen. Die Zeit drängt, und es darf doch nicht zu einem neuen Krieg kommen!«

Noch eine geraume Zeit geht das Gespräch über Palästina weiter. Als Mara von Léas Drängen nach einer

Ausreise berichtet, findet sie bei Menuhin entschiedene Unterstützung für ihre Bedenken. Sie fühlt sich gestärkt. Und als Hephzibah nach dem Mokka ganz selbstverständlich im Nebenzimmer den Blüthner-Flügel öffnet und zu improvisieren beginnt, holt auch Yehudi seine Geige. Beide stimmen ihre Instrumente aufeinander ein. Dann beginnen sie in wortlosem Einverständnis ihr Spiel, wie absichtslos verbinden sich die Töne zu Klängen, füllen den Raum und weiten ihn ins Unermessliche. Gebannt sitzt Mara auf ihrer Sesselkante.

Es ist der glücklichste Tag ihres bisherigen Lebens.

Gleich in den ersten Tagen des neuen Jahres 1947 eröffnet sich für Mara durch einen glücklichen Zufall eine neue Verdienstquelle. Das Palais des Beaux-Arts sucht Platzanweiserinnen und Programmverkäuferinnen für die unerwartet zahlreichen Konzertveranstaltungen berühmter Interpreten und Dirigenten: Brüssel wird zu einem kulturellen Zentrum, in dem die Musik den wichtigsten Raum einnimmt. Ihren ersten Einsatz als Programmverkäuferin hat Mara an einem Konzertabend von Elly Ney.

Der Hauptsaal »Henry Le Bœuf« bietet über 2000 Plätze. Alle sind besetzt! Und immer mehr Menschen drängen herein, stehen an den Wänden, sitzen in den Gängen am Boden, als der Veranstalter auf die Bühne tritt und verkündet, dass die Künstlerin darum gebeten habe, allen Menschen Eintritt zu gewähren, die von der Musik neue Lebenskraft nach all den Verstörungen des Krieges erhofften. Es sei eine absolute Ausnahmesituation, er bitte alle Zuhörer, sich besonders diszipliniert zu verhalten, um jede Panik zu vermeiden.

Als Elly Ney, eine imposante Erscheinung von etwa 60 Jahren, die Bühne betritt, brandet ein lang anhaltender Applaus auf. Sie lächelt dankend, nimmt ihren Platz am Flügel ein und konzentriert sich, die Hände im Schoß. Kein Laut ist in dem übervollen Saal zu hören, als die ersten Töne der Mondscheinsonate erklingen.

Mara steht auf der Bühne, halb verborgen durch eine Säule, an deren Fuß noch andere sitzen. Vor sich sieht sie den weißhaarigen Kopf der Pianistin, ihren bewegten Rücken beim Spiel. Ihr Blick reicht weit in den Saal hinein. Viele Menschen lauschen mit geschlossenen Augen, sie sieht auch Tränen auf manchen Gesichtern. Sie spürt, dass sie selbst tiefer atmet, sich etwas in ihr löst, ihr Hände und Füße langsam warm werden ...

Es ist das erste Konzert, das ihr die Welt der Musik erschließen wird in den kommenden Monaten. Sie hat das Glück, einige der ganz Großen ihrer Zeit auf dieser Bühne zu sehen.

Toscanini zum Beispiel, den sie wegen seines Temperaments insgeheim den »Feuerteufel« nennen wird; Rubinstein, der auf seinem eigens eingeflogenen Flügel spielt und zusammen mit Horowitz an einem zweiten Flügel Kaskaden von Tönen zu harmonischen Klängen fügen kann; David Oistrach, Pablo Casals und Isaac Stern, die sich als Solisten und mit großen Orchestern in die Herzen der Menschen hineinspielen. Und natürlich Yehudi Menuhin, der sie mit einem Lächeln des Erkennens grüßt.

Die Glückserfahrungen mit Musik setzen schöpferische Energien in ihr frei, eine fast euphorische Arbeitsfreude beflügelt sie. Sie scheint keine Müdigkeit zu kennen, obwohl gerade die Quelle ihrer Spannkraft, die häufigen abendlichen Verpflichtungen durch die Konzertveranstaltungen, ihr mehrmals in der Woche lange Abende und oft sehr kurze Nächte beschert.

Wenn Mara ihre Gedanken in diesen ersten Wochen des Jahres 1947 nach Deutschland richtet, spürt sie einen Kloß im Hals: Ihr Brief an Walters Schwester Käthe ist seit über einem Jahr ohne jedes Echo geblieben. Heißt das: Walter ist tot? Muss sie für möglich halten, dass er irgendwo in den russischen Weiten vermisst gemeldet wurde?

Alle möglichen Horrornachrichten der vergangenen Jahre werden lebendig.

Sie merkt, dass Vicky es gar nicht mehr wagt, seinen Namen zu nennen, ihre Mutter spürt wohl, dass Walter immer wieder untergründig präsent in ihr ist.

Doch in der ersten Februarwoche holt Mara eine unscheinbare graue Karte aus dem Briefkasten: »Prisoner of War Post – Great Britain, Camp X, Prisoner Nr. XYZ.« Obwohl mit Druckbuchstaben geschrieben, erkennt sie Walters Schrift sogleich:

X-mas 1946 in England

Liebe Mara, von Käthe habe ich Deine Adresse. Da meine Gedanken viel Zeit haben, in die Vergangenheit zurückzuwandern, sehe ich Dich immer wieder in Deiner Kindergestalt vor mir. Vieles hat sich geändert: Du bist ein Fräulein geworden und ich ein »Prisoner«. Vielleicht würden wir einander nicht mehr erkennen. Äußerlich und innerlich sind wir nicht mehr die, die wir einmal waren. Nur die Not in der Welt ist nicht anders geworden. Mit herzensguten Wünschen für Dich und Deine Mutter

Dein »alter« Walter

Mara spürt ihren Herzschlag bis in die Kehle, ihre Hände sind eiskalt. Sie ist ein Bündel widersprüchlicher Gefühle. Warum kann sie sich nicht einfach freuen, nur freuen!? Einzelne Wörter und Satzfetzen geistern in ihr: »Vergangenheit«, »viel Zeit«, »nicht mehr erkennen«, »Fräulein«, »Not in der Welt«, »Prisoner«...

Wieder in der Wohnung, wo Vicky mit dem Essen auf sie wartet, kann sie plötzlich weinen. Vicky liest die Karte, nimmt sie in den Arm und weint mit ihr. In beiden löst sich ein Knoten, in dem nicht nur Angst und Sorge um Walter eingebunden waren – die Krusten um das verkapselte eigene Leben der vergangenen Kriegsjahre werden von den Tränen wie aufgeweicht.

Nur kurze Zeit braucht Mara, um wieder ins Lot zu kommen. Es drängt sie, Walter zu antworten:

23. Januar 1947

Lieber Walter, eine Last fällt mir vom Herzen: DU LEBST! Seit Deinem letzten Brief sind vier Jahre vergangen: Eines Tages werden sie uns die Brücke bauen, die wir brauchen, um einander zu verstehen und neu zu entdecken. Deine Zeilen lassen mich zutiefst fühlen, wie schwer Du an allem trägst. Nein, ich bin kein Fräulein geworden. Ich bin auf dem Weg, ein Mensch zu werden. Meine Mutter grüßt Dich. Du lebst in unseren Gedanken mit. Schreib bald wieder, ich warte darauf. Sorge gut für Dich.

Mara

Der Austausch dieser ersten, tastenden Botschaften zwischen Walter und Mara entwickelt rasch eine nicht vorhersehbare Eigendynamik.

Innerhalb weniger Wochen verdichtet sich nicht nur ihre Frequenz. Die brieflichen Mitteilungen verweben sich zu einem Dialog, der ihnen wechselweise immer neue Schichten erschließt. Es geschieht ohne Vorsatz, wie von selbst. So entsteht eine Zwiesprache zwischen ihnen über ihre Gefühle und ihr Denken, die sich auch in den Wartezeiten im Alltag als innerer Monolog oder in Notizen fortsetzt, die dann im nächsten Brief erscheinen.

Walter schreibt Ende Januar 1947 als Antwort auf Maras ersten Brief:

Ahnst Du überhaupt, was es heißt, ein Mensch zu sein?! Mein Geist forscht immer noch und immer weiter nach Antworten auf diese Frage, nach den Rätseln hinter den Gestirnen, auf der Suche nach dem GEIST, der sie und uns Menschen geschaffen hat… Und mein Herz: oh, mein Herz! Es pocht wie früher, freut sich, staunt weiter über die unwandelbare Schönheit der Natur, möchte dem Menschen durch die Augen ins Herz sehen … Und wenn ich an Dich dachte in den vergangenen Jahren, sorgte ich mich oft um Dein sensibles Wesen, um Deinen weit schwingenden Geist – hatte das Bedürfnis, Dich als großer Bruder auf Deinen ersten Schritten ins Erwachsenenleben zu begleiten und zu beschützen…

Aus einem Brief Anfang März erfährt sie mehr über seinen veränderten Alltag und seine Einsamkeit:

Um dem Zusammengepferchtsein auch hier, im englischen POW-Lager, zu entgehen, habe ich mich auf eine

Farm gemeldet; ich hüte nun eine große Schafherde und bewohne einen Schäferkarren, ganz allein! Jeden Abend freue ich mich auf die Abgeschiedenheit und die Stille in meiner Behausung: was für ein Luxus! Sehnsüchtig warte ich auf Deine Briefe, mein Seelchen, mit Deinem verstehenden Herzen und den offenen, suchenden Augen, die schon so viel gesehen haben! Wie gern würde ich mit Dir über die wichtigen Themen des Lebens sprechen – aber es gibt ja die Briefe…

Mara schreibt im März 1947:

Fast ein bisschen beneidenswert, die abendliche Stille in Deiner Klause! Dein Schäfer-Dasein wirkt so überschaubar in seinen Aufgaben, trotz seiner äußeren Grenzen. Die nachdenkliche Einsamkeit unterstützt Deine Fragen an das Leben, lässt Dir Raum zum inneren Reifen…

Mein Alltag fordert gerade vollen, oft unvorhergesehenen Einsatz, Improvisation, Konzentration, Selbstdisziplin, wenn ich die verschiedenen Arbeitsfelder »beackere«: Schule, Nachhilfe in Deutsch und französischer Literatur, Programmverkäufe an den Konzertabenden, Hausarbeiten. – Aber ich bin gesund und voller Liebe zum Leben: das hilft! Nur die Einkehr kommt zu kurz…

Es beschämt mich, wenn Du meinen Schreibstil als »wunderbar flüssig und lebendig« preist. In deutscher Sprache zu denken und zu schreiben, fällt mir oft schwer. Dagegen beherrsche ich das Französische inzwischen wie ein guter Reiter sein Pferd! In den Osterferien will ich eine (einsame!) Ardennenwanderung machen. Wenn Du dabei sein könntest, wäre ich mehr als einverstanden!

Der Briefwechsel mit Walter setzt in Mara ungeahnte Energien frei. Alles läuft reibungslos, alles gelingt ihr, ohne Anzeichen von Überforderung.

Dabei sind die Nächte kurz in diesen Monaten des Jahres 1947. Und nur sie bieten Mara Zeit und Ruhe zum Schreiben, zur inneren Zweisamkeit mit Walter. Instinktiv findet sie Worte, die Walter in seinem Innern erreichen. Er seinerseits öffnet sich ihr ohne Vorbehalt, übersetzt seine angestauten Empfindungen und seine Sehnsucht, gehört und verstanden zu werden, in Sätze, die in ihr lang nachklingen. In einem Märzbrief nennt er sie »mein Seelchen« und gibt damit ihrer Verbindung einen Namen: Seelenverwandtschaft.

Die Briefe zwischen ihnen, in immer kürzeren Abständen, schaffen einen gemeinsamen inneren Raum, in dem sich beide wie selbstverständlich bewegen. Sie erforschen sich selbst dabei und lernen sich so besser kennen, finden in Literatur – vor allem bei Dostojewski – die uralten Fragen: »Warum und wozu bin ich überhaupt auf der Welt? Wie bekommt mein Leben einen Sinn? Bin ich nur ein Spielball der Verhältnisse? Wie will ich sein? Wer bin ich für Dich? Du und ich: so unterschiedliche, ja gegensätzliche Lebensverläufe – woher dieses Grundvertrauen zwischen uns?«

Sie suchen nach Antworten, mit Wörtern, die nicht hinreichen, aber das Band zwischen ihnen immer fester knüpfen.

Im Mai hält ein Schweizer Philologe einen Vortrag im Ausbildungscamp für Lehrer, in dem Walter seit Kurzem gelandet ist. Er erzählt, dass im Rahmen eines Programms zur Völkerverständigung und Völkerversöhnung ein erstes internationales Treffen von Ju-

»Alles gelingt ihr.«

gendlichen noch in diesem Jahr in Deutschland, im Schwarzwald, geplant ist. Weitere Treffen sollten sich organisch aus dieser Initiative entwickeln. Walter ist elektrisiert von der Perspektive, Mara über das Projekt eventuell wiedersehen zu können. Er erzählt Dr.

W. von ihr und bittet ihn, ihr zu gegebener Zeit eine Einladung zu schicken.

Kurz darauf wird ihm mitgeteilt, dass er in den nächsten vier Monaten mit seiner Entlassung aus der Kriegsgefangenschaft rechnen kann: »Ich werde endlich ein freier Mensch sein, Mara! Und ich werde alles tun, um Dich wiederzusehen!«

Inzwischen hat sich Mara um eine gut bezahlte Arbeit in den Sommerferien bemüht – mit Erfolg! Zusammen mit drei Mitbewerberinnen wird sie zwei Wochen lang Bade- und Abendmoden aus der Werkstatt der Modeschöpferin Coco Chanel in den Hotelpalästen an der belgischen und nordfranzösischen Küste vorführen. Aufgeregt, ein bisschen stolz und ironisch zugleich schreibt sie an Walter: »Stell Dir vor, ich werde Dame spielen – ICH, Dein Seelchen! Da muss ich mich selber halb totlachen!« Sie fühlt sich scheu und unbehaglich bei der Vorstellung, sich auf öffentlicher Bühne in einer Art geliehener Identität zur Schau zu stellen. Doch der Verdienst freilich würde hochwillkommen sein.

Es ist Mitte Juli 1947. Mara hat die zweite der drei-
klassigen »section préuniversitaire« mit sehr guten
Noten abgeschlossen. Beruhigt kann sie dem 3.
Schuljahr entgegensehen, das mit dem Baccalaureat
endlich die Krönung ihrer zerstückelten, insgesamt
sehr kurzen Schulzeit bringen soll.
Vicky ist stolz auf ihre Tochter. Und beunruhigt zugleich. Mit gemischten Gefühlen verfolgt sie den
Briefwechsel zwischen Mara und Walter. Natürlich
versucht sie, hier und da unbemerkt einen Blick in
Walters eng beschriebene Seiten zu werfen. Sie
staunt über die großen, ernsten Themen genauso wie
über die unbefangene Vertrautheit der Gefühlstö-
nung in seiner Wortwahl. Instinktiv vermutet sie eine
Gleichgestimmtheit in Maras Antworten. Sie macht
sich zwar keine wirklichen Sorgen, fragt sich aber:
Wohin wird das Ganze führen?
Unterdessen ist Mara vorübergehend zu einem Ge-
schöpf des Unternehmens »C. C.«, Coco Chanel, geworden. Am frühen Vormittag steigt sie in einen Bus,
der sie und ihre sieben »Kolleginnen« zum nächsten
Badeort bringt, der am Nachmittag ihr Arbeitsplatz
sein wird. Zum Glück ist das Wetter freundlich, es
erlaubt ein kurzes Bad in den Wellen und eine Mini-
pause nach dem Lunch. Dann wird es hektisch: Anprobe folgt auf Anprobe, Bewegungs- und Vorführ-
probe lösen sich ab; immer wieder wird vor den Spie-
geln noch etwas verbessert, Perücken und Frisuren
begutachtet, An- und Ausziehen mit Assistenz geübt,
denn am Abend muss alles überaus schnell gehen. In
diesem »geordneten Chaos« ist Mara nur Objekt.
Schneider und ihre Gehilfinnen entscheiden, wen
oder was sie am Abend verkörpern soll: eine tolle,
sportliche Badenixe, eine Lady, die im Abendkleid

aus dem Auto steigt, oder die junge Frau, die anmutig und frivol mit ihrem Fächer spielt, um die Aufmerksamkeit eines »Beau« auf sich zu ziehen. Wahrscheinlich werden es auch heute alle drei Versionen ihrer Person sein, die auf unterschiedliche Weise um die Gunst des Publikums für gerade dieses Modell werben sollen. Verführung zum Kauf, das ist es wohl...

Heute hat sich die Chefin, Coco Chanel, persönlich angesagt. Sie will sehen, wie ihre Angestellten arbeiten, und die Mannequins kennenlernen – ausgewählt hatten diese zwei Vertrauensleute von ihr. Der Zufall fügt es, dass Mara die Einzige ist, mit der sie in ein persönliches Gespräch kommt: Madame hat auf der Treppe einen Schuh verloren, und Mara, die hinter ihr ebenfalls hochläuft, bringt ihn ihr zurück.

»Tu es qui, toi«, wird sie gefragt und aufmerksam gemustert, »je ne t'ai jamais vue parmi mes jeunes femmes.« Mara erklärt, dass sie nur diese Tournee mitmacht, sonst aber Schülerin ist und sich auf das Abitur vorbereitet. Madame lädt sie ein, sich einen Moment zu ihr auf die Treppe zu setzen. Zwischen ihnen entwickelt sich ein lebhaftes Gespräch. Coco Chanel will wissen, was Mara nach der Tournee vorhat. »Je veux faire mes études de médecine à Bruxelles et après chercher une place dans le monde, pour la pratiquer, me rendre utile, quoi...«

Madame schaut sie nachdenklich an: »C'est bien d'avoir une vision de ton avenir, un idéal à suivre. Mannequin... c'est un trompe-l'œil, une illusion passagère. Merci quand même de donner ta note personnelle à cette troupe.« Sie steht auf, nickt Mara noch einmal zu und entfernt sich. Mit vielen unausgesprochenen Fragen auf der Zunge begibt sich Mara zur nächsten Anprobe.

Der Sommer schwächelt. Die beiden letzten August-
wochen sind kühl und regnerisch. Doch das ficht
Mara nicht an, denn von Walter hält sie heute einen
Brief in Händen, in dem er schreibt: »Mara, meine
Mara, seit gestern bin ich König aller Hoffnungen!
Beim nächsten Transport bin ich dabei und werde
Anfang September in einem Durchgangslager in der
englischen Zone sein. Danach muss ich freilich noch
in die französische Zone »überstellt« werden (was für
Wörter!), um endlich, endlich im Tübinger Elternhaus anzukommen! – Dann sind wir unserem Wiedersehen schon einen wichtigen Schritt näher gekommen.«
Freudestrahlend berichtet sie Vicky vom Inhalt des
Briefes und fügt hinzu: »Jetzt werde ich alles tun, um
von Dr. W. in Basel eine Einladung zum internationalen Jugendkongress zu bekommen. Wenn mir das
gelingt, werden wir uns schon irgendwie treffen,
Walter und ich.«
So beglückt ist Mara vom Gedanken an ein Wiedersehen mit Walter, dass die weiter ansteigenden Anforderungen des letzten Schuljahres vor dem Abitur
in den Hintergrund geraten: Mehrere schriftliche Arbeiten bekommen nur eine sehr mittelmäßige Note –
ungewohnt für sie selbst und einige der Profs.
Sie wird zur Mathe-Lehrerin ins Büro gerufen. Der
bäuerlich wirkenden Frau mit der hohen Stirn gehört
Maras ehrfürchtiger Respekt. Sie weiß, dass Madame
Dovin nur dieses eine letzte Jahr in der »section
préuniversitaire du Lycée Dachsbeek« einen hervor-
ragenden Unterricht anbietet. Sie weiß auch, dass sie,
Mara, in Mathe ihre schwächste Leistung bringt. Beklommen wartet sie auf die berechtigte Rüge.
Madame Dovin schaut sie kurz an und sagt: »Mara,

Sie werden nie für Mathematik zu begeistern sein –
dafür fehlt Ihnen das richtige Gen. Aber Sie haben
das Zeug, eine wirklich gute Ärztin zu werden. Deshalb müssen Sie das Abitur bestehen. Und Mathe ist
nun mal ein Hauptfach. Die Prüfung ist öffentlich und
wird von einem auswärtigen Professor abgenommen.
Sie werden sich deshalb von jetzt an auf folgende
Teilbereiche unseres Faches ganz gezielt konzentrieren: ...«

Auch wenn Mara die aufgelisteten Aufgaben wie ein
berghohes Pensum erscheinen, sie hat verstanden,
dass Madame Dovin ihr konstruktive Hilfe geboten
hat und – viel wichtiger – dass sie ihr zutraut, das an-
gestrebte Berufsziel zu erreichen und »wirklich gut«
ausfüllen zu können. Mit neuer Energie und Selbstdisziplin macht sie sich an die Arbeit.

Der Briefwechsel mit Walter leidet an Unterbrechun-
gen seit einigen Wochen. An manchen Tagen kommen dafür gleich mehrere Briefe auf einmal an. Walter berichtet Ähnliches von seinen verschiedenen
»Verschiebe-Orten«.

Aber Mitte September trifft endlich Post aus der
Schweiz ein: »... laden wir Sie herzlich ein, am 1. Internationalen Jugendtreffen nach dem Krieg teilzu-
nehmen. Bitte überlegen Sie, welchen Beitrag Sie
leisten können zum übergeordneten Thema: ›Völkerverständigung: Wie wollen wir in Frieden in unserer
gemeinsamen Welt leben?‹ 23. bis 30. 11. 1947 in Titisee – Schwarzwald – Französische Zone in Deutschland.«

Mit der offiziellen Schweizer Einladung – von Vicky zwiespältigen Herzens abgesegnet – werden die Tage für Mara noch arbeitsreicher und die Nächte noch kürzer.

Schule, Honorararbeit, Vorbereitung ihres Beitrags für Titisee, nächtliche Briefe an Walter. Vicky beobachtet diesen »Tanz auf dem Seil«, wie sie es nennt, nicht ohne Sorge und fragt, wie lange sie das durchhalten könne.

Mara ihrerseits zerbricht sich den Kopf, wie sie das Unternehmen finanzieren soll. Eines Tages, als sie gedankenverlorenen auf die Tram wartet, fällt ihr Blick auf die Zeitung eines Mitwartenden: »Le Soir« ist die größte unabhängige Tageszeitung in Belgien. »Ich könnte doch der Zeitung einen Artikel über dieses erste internationale Jugendtreffen im Nachkriegsdeutschland anbieten!«

In ihrem Kopf wirbeln Szenarien durcheinander, wie sie diesen Geistesblitz umsetzen könnte. Im Frühjahr ist ihr ja der 1. Preis aller Abiturklassen-Absolventen der Stadt Brüssel verliehen worden. Und zwar für eine literarische Arbeit über den bekannten französischen Autor *Georges Duhamel*. Mara schätzt ihn als Literaten und empathischen Menschenfreund. Ihr Thema aus einem seiner Bücher: »Toute souffrance humaine retourne à l'abîme«. »Le Soir« hatte ihrer Arbeit damals einen kurzen lobenden Kommentar gewidmet.

Nach einem kompliziert vereinbarten Termin, macht sich Mara auf den Weg zum Gespräch mit einem der Redakteure. Zwar hat sie den gewonnenen Preis als eine Art Pfand in der Hinterhand – dennoch ist sie sich der Keckheit ihres Vorgehens bewusst und hat Herzklopfen. Im Pressehaus kommt der Redakteur schnell zur Sache. Als erfahrener Interviewer erfasst er rasch den aktuellen Stellenwert dieses ersten internationalen Jugendtreffens im Nachkriegsdeutschland. Ein kleiner Artikel darüber würde sich gut machen in seinem renommierten Blatt.

»Und was bewegt Sie, uns eine solche Reportage anzubieten, Mademoiselle?« Mara war auf eine solche Frage vorbereitet und hat die Antwort parat: »Ehrlicherweise brauche ich Geld, um das Unternehmen zu finanzieren. Aber natürlich will ich damit vor allem einen Beitrag leisten zum Grundanliegen dieses Treffens; wir Jungen müssen aktiv daran mitwirken, dass ein neuer Grundton, ein neuer Geist im Zusammenspiel der Völker einzieht.« Sie atmet tief durch und fügt dann hinzu: »Le Soir hat im Frühjahr meine Arbeit anlässlich eines Vortrags von Georges Duhamel positiv kommentiert.«

An einem der folgenden Tage wird sie zum entscheidenden Gespräch gebeten und bekommt die Zusage für den Auftrag. Zaghaft wagt Mara, um einen Vorschuss auf das (zeilenabhängige) Honorar zu bitten, doch das lehnt der Redakteur im Namen des Verlages rundweg ab: »Das machen die nicht«, bekommt sie zu hören. Als er ihre verzweifelte Reaktion sieht, setzt er nach einer Pause hinzu: »Ich persönlich vertraue Ihrem Talent, Mademoiselle, und zahle Ihnen einen Vorschuss aus eigener Tasche. Sie werden ihn mir unterschreiben und nach Erhalt des Honorars zurückzahlen – einverstanden?«

Mara kann ihm nur stumm, mit leuchtenden Augen, beide Hände entgegenstrecken.

Mitte September schreibt Walter: »Mara, meine Mara! Ach bitte, komm bald. Ich merke mit Schrecken, dass mich die Stimmung hier im Land schleichend zu infizieren droht. Es herrscht so viel reales Elend um mich herum!«

Im Elend begegnet Walter auch einer untergründigen Stimmung aus Bitterkeit, Ratlosigkeit, Wut, altem und neuem Groll: »... lauter ungeordnete Gefühle, die ich beim Einzelnen auch nachvollziehen und verstehen kann. Doch die Menge und die Wucht dieser täglichen Eindrücke bringt mein inneres Gleichgewicht ins Schwanken. Unsere Briefe, Deine klare und mutige Haltung hatten mich aus meiner dumpfen Gleichgültigkeit geholt und mir neue Lebenskräfte geschenkt. Jetzt merke ich, wie die unterschwellig grollende Feindseligkeit hier im Land sie wieder aus mir heraussaugt, wie sie mich in meinen Reaktionen verunsichert...«

Inzwischen geht Mara Schritt für Schritt ihrem Ziel entgegen: dem Wiedersehen mit Walter. Sie hat keine Vorstellungen, wie sich das Treffen gestalten soll, auch keine Phantasien, was sich daraus entwickeln kann. Wenn Vicky sie vorsichtig fragt, was sie sich denn eigentlich von dieser Neubegegnung erhoffe, sagt sie nur: »Ich will einfach nur sehen, was erkenne ich wieder, was hat der Krieg aus ihm gemacht. Ich will klar kriegen, ob das, was ich in ihn hineindenke, mit ihm selbst übereinstimmt. Schließlich war er damals der einzige Mann – obendrein ›feindlicher‹ Soldat –, der vorbehaltlos mit mir umgegangen ist.«

Als der Zeitpunkt der Abreise näher rückt, schreibt Walter: »Mara, Mara... Du! Jetzt werde ich richtig zappelig! Du schreibst nichts darüber, wie Du das Ganze finanzieren willst. Vielleicht kann ich Geld

nach Aachen überweisen, damit Du innerhalb
Deutschlands keine Kosten hast. Es ist alles so
schwierig und kompliziert hier! Ich kann von Riedlingen erst am Samstag los, weiß auch noch nicht, ob
und wie ich am Sonntag wieder hierher zurückfah-
ren kann – dabei möchte ich doch am liebsten Deine
ganze Aufenthaltszeit mit Dir zusammen sein!«

Immer deutlicher wird ihr, wie wenig sie über die
reale Situation in Deutschland weiß. Die »großen Fragen« werden zwischen den Politikern der Besat-
zungsmächte verhandelt und ausgiebig von der Pres-
se kommentiert. Doch der Alltag der Menschen in
den einzelnen Besatzungszonen kommt nicht zur
Sprache. Letztlich vertraut Mara ihren bisherigen Erfahrungen, ihrer Handlungsbereitschft und... dem
guten Stern, den sie über dem ganzen Vorhaben sehen will.

Vicky entschließt sich nach langem Überlegen, an
Walter zu schreiben. Sie möchte einerseits das alte
Vertrauen in ihn bestätigen, aber auch ihre Sorge um
Mara ausdrücken. So schreibt sie ihm am 21. 11.
1947: »Lieber Walter! Nun kommt Mara tatsächlich
zu ihrem ›großen Bruder‹! Lange warst Du unsere
große Sorge, nun nimm Du Mara in Deine brüderli-
che Obhut. Sie ist alles, was ich habe! Und sie ist zart
an Leib und Seele. Behüte sie, Walter. Ich vertraue
Dir. Auch wünsche ich Euch recht frohe Stunden.
Grüße unbekannterweise Deine Familie von mir und
sei Du, lieber Junge, besonders herzlich gegrüßt von
Deiner Vicky Benda.«

22. November 1947. Ein nasskalter Tag, an dem es nicht wirklich hell werden will. Mara steht am Fenster im D-Zug, der sie nach Köln bringen wird.

Auf dem Bahnsteig frieren Vicky und Léa und wollen trotzdem warten, bis der Zug sich in Bewegung setzt. Léa kämpft sichtlich mit widerstreitenden Gefühlen; sie hat in den vergangenen Wochen gespürt, wie Mara sich innerlich aus der vertrauten Verbindung entfernte, sie fühlt sich alleingelassen. Während Maras Abwesenheit wird sie bei Vicky wohnen. Die legt den Arm um sie: »Wir beide halten fest zusammen und freuen uns schon aufs Wiedersehen, nicht wahr, Léa?« Léa nickt stumm. Einfach traurig. Endlich ertönt der erlösende Pfiff, der die Abfahrt freigibt.

Die ungeahnte Gegenwärtigkeit der Kriegszerstörungen trifft Mara mit aller Wucht am Grenzübergang Herbesthal–Aachen. Gespenstische Häuserruinen, Berge von Schutt, ärmlich gekleidete, abgekämpfte Gestalten, Rote-Kreuz-Schwestern, die Essen und heiße Getränke auf den Bahnsteigen an Scharen frierender Reisender verteilen. Amerikanische Besatzer kontrollieren den Zug, deutsche Bahnbeamte im Schlepptau. Mara bekommt feuchte Hände, wenn sie ihren Pass oder die Fahrausweise vorzeigt. Dass sie nun vollkommen legal in diesem Zug reist, kann sie nicht beruhigen. Die Gespenster aus den Zeiten von Flucht und Verfolgung reisen immer noch mit ihr.

In Köln muss sie den Zug wechseln, um nach Freiburg im Südwesten Deutschlands zu gelangen. Das Umsteigen, in höchster Eile und im Tohuwabohu der vielen Menschen, die in diesem teilweise zerstörten Bahnhof eine behelfsmäßige Unterkunft suchen, wird für Mara einer Art Überlebenskampf. Als sie ihren nächsten Zug findet, steigt sie erleichtert ein.

Draußen wird es früh dunkel. Schneeregen verhüllt die trostlose Aussicht. Nur wenige Lichter lassen sich in der Landschaft erkennen. Immer wieder muss der Zug warten, die Gleise wechseln. Inzwischen fährt er durch die französische Besatzungszone. Hier kann Mara in der vertrauten Sprache mit den Militärkontrolleuren verhandeln und bei ihnen sogar einen Becher heißen Kaffee ergattern.

In Freiburg ist es dunkel, kalt und matschig. Karl Greulich, Walters Freund, bei dem sie die Nacht verbringen soll, sorgt rührend für sie. Mit leisem Humor kommentiert er die Kargheit seiner Behausung und der vorbereiteten Mahlzeit, die Mara mit einer mitgebrachten Fleischkonserve etwas verfeinern kann. Trotz aller fürsorglichen Bemühungen von Karl kommt kein rechtes Gespräch in Gang. Sie kann kaum noch die Augen offen halten. Und der Kaiserstühler Wein, den Karl aus seinem Versteck holt, verstärkt nur die Bettschwere. Kaum entkleidet und nur notdürftig gewaschen, fällt sie auf die vorbereitete Liege und versinkt in einen traumlosen Schlaf.

Es ist noch tiefe Nacht, 3.30 zeigt die Uhr, als Karl sie behutsam, aber unerbittlich zwingt, aufzustehen. Eine Stunde später wird ihr Zug vom Hauptbahnhof abfahren. Und dorthin müssen sie erst einmal kommen, denn Karl wohnt weitab vom Zentrum in einem Vorort. Zum Glück fällt Mara ein, dass zu den Privilegien, die sie als Ausländerin im besetzten Deutschland hat, auch das Recht gehört, ein Taxi zu nehmen! So kommt sie relativ bequem zum Bahnhof, und Karl muss nicht in die kalte Nacht. Der Abschied ist herzlich und das »Auf Wiedersehen!« beiderseits hoffnungsvoll ehrlich gemeint.

Tatsächlich sitzt Mara um 6 Uhr früh im Zug nach
Titisee-Neustadt! Im Abteil ist es so kalt wie im Frei-
burger Bahnhof; teilweise sind die Fenster mit Bret-
tern vernagelt, schwache Birnen verbreiten ein mat-
tes Dämmerlicht; die Mitfahrer im rappelvollen Zug
bleiben Schemen. Mara gegenüber sitzt eine junge
Frau mit einem kleinen Jungen auf dem Schoß und
einem sichtlich schweren Rucksack, den sie nicht abgenommen hat. Jeder hier im Zug hütet sein Gepäck,
auch Mara. Ihr Koffer und ihr Rucksack bergen allerlei Kostbarkeiten: haltbare Lebensmittel, Nescafé, Zigaretten – Geschenke für die Rau-Familie, aber auch
zum Tauschhandel im Bedarfsfall...
Irgendwann wird es unruhig um sie herum. »Wo sind
wir denn jetzt?«, fragt sie die junge Frau. Die erklärt
ihr: »Der Zug kann hier nicht weiterfahren, weil der
Viadukt noch nicht wieder repariert ist. Also müssen
wir alle jetzt den Hang hinunterlaufen. Unten werden
uns dann Lastwagen aufnehmen und zur Anschluss-
stelle eines anderen Zuges bringen, dort können wir
weiterfahren.« Mara fragt sich, wie sie in dem Gedränge, das jetzt einsetzt, mit ihrem schweren Koffer
den steilen Pfad bewältigen soll; aber sie muss es
schaffen! Könnte sie nicht den Koffer als Schlitten benutzen? Nach Absprache mit der Mutter des Kindes
setzt sie sich mit dem kleinen Jungen auf den improvisierten Schlitten, und dann geht es langsam, aber
lustig bergab, die Mutter immer in Sichtweite. Der
Kleine jauchzt, während Mara sich voll auf kleine
Hindernisse in der verschneiten Wiese konzentriert.
Sie spürt keine Angst, auch so kommt sie mit jedem
Meter ihrem Ziel näher: Titisee.
Als sie endlich auf der Straße die wartenden Lastwagen erreichen, stellt sich heraus, dass sie offen, ohne

Verdeck, fahren werden. Mara muss sich von der jungen Frau mit dem Jungen verabschieden, sie wird in einen anderen Wagen gewiesen.

Schneidender Fahrtwind weht ihr Schneeflocken ins Gesicht – wie lange hat sie keine Schneelandschaft mehr gesehen, keine Schneeluft geschnuppert! Als ganz kleines Mädchen ist sie in Oberwiesenthal, in der Sächsischen Schweiz Schlitten und sogar Ski gefahren; ihre Eltern hatten dort ein »Winterhaus«, so eng an einen Hang geschmiegt, dass sie sogar das Dach als Schanze benutzen und weit in den Schnee hineinspringen konnte! Mara spürt in der Erinnerung die Spannung noch vor dem Sprung – vorbei. Aber irgendwann hat sie es erlebt, war es Wirklichkeit...

Wieder im Zug, kommt ihr es nach der eisigen Fahrt fast angenehm vor. Sie hat jetzt einen Fensterplatz und kann in den noch dunklen Märchenwinter hinausschauen. Ja, sie wird mit Walter eine richtige Schneeballschlacht machen, mit ihm durch den Wald laufen, sich im Schnee wälzen, wie sie es als Kind tat. In Titisee steigt sie als Einzige aus. Es ist noch dunkel und – nach Abfahrt des Zuges – beklemmend still. Eine unwirkliche Situation. Zum ersten Mal auf dieser Reise fühlt Mara, wie Panik in ihr aufsteigt. Dann konzentriert sie sich auf das Nächstliegende: Sie muss ein Hotel, eine Unterkunft, einen warmen Raum finden und einen heißen Kaffee, um wieder in Fahrt zu kommen.

Nach langem, vergeblichem Klopfen an verschlossenen Türen und Fensterläden tut sich endlich doch die Tür eines Gasthauses auf. Ein Lichtschein lässt einen älteren Mann erkennen. Als er die Not hinter ihrer Bitte um Einlass spürt und sie zudem etwas von mitgebrachten Lebensmitteln andeutet, bittet er sie in die helle Küche, wo ein Herd wohltuende Wärme verbreitet.

Nachdem Mara aus dem schweren Koffer Raritäten wie eine Büchse Nescafé, Zigaretten, Kondensmilch und Butter gezaubert hat, wird der Mann ganz gesprächig. Auch ihrer Frage nach einer Übernachtungsmöglichkeit zeigt er sich zugänglich; er verspricht sogar, die Betten mit Steinflaschen voll heißen Wassers vorzuwärmen: »Ist ja auch grausam kalt jetzt!« Und lacht. »Aber ihr werdet einander schon warm geben, denk i.« Als ihm Mara erklärt, dass sie zwei getrennte Zimmer benötigen, denn es sei nicht so, wie er denke, kommt auch seine Frau gerade in die Küche und macht sich voller Vergnügen daran, den Tisch vorzubereiten. Sie holt noch vier Eier aus der Speis und ein Töpfchen Griebenschmalz: Alle Köstlichkeiten zusammen ergeben ein wahres Festmahl.

Bald darauf steht Mara wieder auf dem verschneiten Bahnsteig und wartet auf den Zug vom Bodensee. Es ist kurz nach 7 Uhr und noch nicht richtig hell. Panik, Verlorenheit – all das ist verschwunden. Nur die Anspannung ist geblieben, und sie steigert sich unterm näher kommenden Dampf der Lokomotive. Als der Zug endlich steht, öffnet sich nur eine Tür: Walter steigt aus. Er hat keinen Koffer, nur einen Rucksack auf dem Rücken. Beide gehen wie in Trance aufeinander zu, bleiben stumm voreinander stehen, schauen sich nur an. Endlich löst sich die Spannung, und zwischen Weinen und Lachen umarmen sie sich, immer wieder. »Du«, sagt Walter, »bist du es wirklich? Mein Seelchen, meine Mara? Ist es endlich wahr?« Ausgelassen beginnt sich Mara um sich selber zu drehen, küsst Walter dann die Tränen von den rot ge- frorenen Backen und zieht ihn vom Bahnhof fort in Richtung des erleuchteten Fensters: »Du wirst stau- nen: Wir haben hier bis morgen ein kleines Zuhause; es ist alles bereit!«

Bald staunt Walter wirklich. Eben noch hat er, halb tot vor Müdigkeit, im eiskalten Zug gegen den Schlaf gekämpft, auch er ist seit Nachtstunden unterwegs gewesen. Und nun eine offene Tür, die den Blick frei gibt auf einen adventlich gedeckten Tisch, neben ihm Mara und zwei freundliche Wirtsleute in einer hel- len, warmen Küche – an diesem 23. November 1947. Ein Wunder, nach dem Weltuntergang der letzten Jahre.

Später werden Walter und Mara nur wenige Momente dieses ersten Wiedersehenstages erinnern; ja, die Schneeballschlacht, die vor lauter Lachen auf ein Patt hinausläuft, bei dem sie einander zünftig »einseifen« und anschließend den Schnee aus dem Gesicht küssen. Wohl auch das Bild, wie Mara sich erst tief in den weichen Neuschnee hineinwühlt und dann wie verzaubert im Sonnenlicht und von innen heraus strahlend vor Walter steht.

Lange wirkt in ihnen noch die Stille der atmenden Natur nach und der Dialog ihres Schweigens, in dem sie einander alles sagen, wofür sie auf diesen weltabgeschiedenen Wegen keine Worte brauchen.

Sie durchstreifen den Wald ohne Ziel; wenn sie ins Sprechen verfallen, bleiben sie stehen und küssen einander die Worte von den Lippen. Sie nehmen die funkelnden Lichtspiele der Sonne tief in sich hinein, das Knirschen ihrer Schritte im anfrierenden Schnee, die Tierlaute aufgeschreckter Waldbewohner. Erst die einfallende Dunkelheit und eine zunehmende Kälte treibt sie an, um die Wette zu laufen in Richtung Wirtshaus – die Wette gewinnt Walter haushoch.

Zum gemeinsamen Abendessen mit den Wirtsleuten bringt der Mann, verschmitzt lächelnd, »zur Feier des Tages« eine Flasche Rum zum Vorschein. Rolf und Sophie sollen sie nun doch zu ihnen sagen.

Die geheizte Küche, der anheimelnd gedeckte Tisch, der Rum im heißen Tee, die appetitlich angerichteten »Armen Ritter« neben einer Schüssel Zwetschgenkompott lassen ihre halb erfrorenen Glieder bald wieder auftauen. Dann bricht sich die Wissbegier der beiden »Hinterwäldler« schließlich Bahn und Rolf fragt direkt: »Kennet ihr euch scho lang?« Walter lächelt zu Mara hin: »'s sind jetzt um die fünf Jahr.«

»Da war ich noch ein kleines Mädchen«, ergänzt sie, halb verträumt. »Und du warst kein braver Soldat.« Jetzt fragt Sophie nach: » Ja wie, kein braver Soldat?« Da übernimmt Walter das Erzählen. Mara fallen immer wieder die Augen zu: durchwärmt und lächelnd überlässt sie sich der überwältigenden Müdigkeit. Als ihr Kopf vornüber in den Teller zu fallen droht, nimmt Walter sie auf beide Arme, sie merkt noch, wie er sie die Treppe hoch in eines der ihnen überlassenen Zimmer trägt und wie Sophie ihm hilft, sie so weit zu entkleiden, dass sie im vorgewärmten Bett einfach weiterschlafen kann. Walter küsst noch einmal zärtlich beide Augenlider, zieht leise die Tür hinter sich zu und geht hinter Sophie hinunter in die gastliche Küche. Dort weitet sich der Bericht über das Kennenlernen von Mara und Walter aus zu einem nachtlangen Gespräch über den Krieg.

Als sie todmüde gegen halb fünf Uhr ihr Gespräch beenden, kann Walter der Sehnsucht nicht widerstehen, zu Mara sacht unter die Decke zu schlüpfen, um ihren warmen Körper nah zu fühlen; sie merkt es nicht einmal.

Beide erwachen erst, verwirrt und beglückt, als der Wirt kräftig an der Tür klopft und zum Frühstück ruft. Nicht ganz freiwillig verlässt Mara das Bett und zerschlägt die Eisschicht in der Waschschüssel, während Walter widerwillig in sein Zimmer hinüberwechselt, um sich dort ebenfalls frisch zu machen.

Später berichtet ihr Walter vom nächtlichen Gespräch mit den Wirtsleuten und deren Verstörung darüber, dass die Nachrichten über Gaskammern und medizinische Versuche in den KZ nicht der Rache-Propaganda der Sieger entstammen, sondern unfassbare Realität waren. Er selbst hatte ja auch geglaubt,

dass Hitler die Juden nur »umsiedeln« wollte. Rolf
und Sophie versuchten, ihm zu erklären, wie sie »eigentlich unpolitisch« ihrer Leichtgläubigkeit gefolgt
seien, vor allem genervt durch immer neue Auflagen
und Einschränkungen, die ihnen die Arbeit im Gast-
wirtsbetrieb erschwert hatten. Zuletzt hatten sie von
einem französischen Gefangenen erzählt, der ihnen
als Hilfskraft zugeteilt worden war: »Der war gern bei
ons – mir hent immer denkt: Wenn nur onser Bub bei
de Engländer au so guet gehalte wird wie d'r Jean-
Marie bei ons. Der schreibt ons allweil noch und will
negscht Johr mit seine Eltere auf B'suech komme…«
Als Mara anderntags Walter zum Zug begleitet, sind
beide erfüllt von der Gewissheit: Wir gehören zusammen. Über Liebe ist nicht gesprochen worden, über
konkrete Pläne schon gar nicht. Sie wissen es einfach. Auch dass jeder Schritt zueinander einer
schwierigen Realität abgerungen werden muss.
Danach zieht das Treffen von 22 deutschen und 18
ausländischen Jugendlichen in der Jugendherberge
von Titisee Mara voll in seinen Bann. Die Grundfor-
derung der Organisatoren spricht ihr aus der Seele:
Jeder von ihnen soll tätig werden für die Verständigung und Versöhnung der einzelnen Menschen in
der Welt. »Was kann ICH tun, mit meinen Fähigkei-
ten, von meinem Platz und meinem Leben aus, um
diesem Ziel näher zu kommen?«
Praktische Ansatzpunkte ergibt die Verbindung zu
französischen und englischen Gruppen der »Amitié
internationale«, die Briefwechsel und Schüleraus-
tausch auf den Weg bringen wollen. Bei allen Vorhaben ist die Initiative der deutschen Jugendlichen besonders erwünscht. Am Ende der Tagung herrscht tatenfrohe Aufbruchstimmung bei allen Teilnehmern.

Alle Tagungsteilnehmer sind abgereist, nur Mara verbringt eine letzte Nacht in der Jugendherberge. Anderntags um Mitternacht läuft ihr Visum ab: Bis dahin muss sie die belgische Grenze überschritten haben, der vorgezeichnete Fahrplan sieht ihre Ankunft in Brüssel gegen 22 Uhr vor.

Doch ihre Gedanken drängen in eine andere Richtung. Etwas in ihr sagt: Das Gespräch mit Walter ist unvollendet, wie auf halber Strecke unterbrochen. Und es kann nicht im Briefwechsel fortgesetzt werden – es braucht den Augenkontakt, die wechselseitige, ungeschützte Wahrnehmung.

Auf einmal weiß sie: Sie wird zu ihm fahren! Egal, wie es ausgeht.

Noch ist ihr Visum gültig. Unangefochten erreicht sie Friedrichshafen. Bevor sie weiterfahren kann, steht sie eine Weile am Ufer und sieht fern überm See die rote Wintersonne versinken.

Am Zug, der in Richtung Riedlingen fährt, geht sie vor zur Lokomotive. Der Lokführer ist heruntergestiegen und raucht einen Stumpen. Er sieht gutmütig aus. Trotzdem klopft Maras Herz heftig, als sie auf ihn zugeht und ihn anlächelt: »Ich habe eine ungewöhnliche Bitte«, sagt sie tapfer. »Ich möchte bei Ihnen in der Lok mitfahren, weil ich nicht kontrolliert werden darf. Ich bin nämlich ab jetzt illegal in Deutschland; mein belgisches Visum ist abgelaufen. Aber ich muss unbedingt zu meinem Freund in Riedlingen. Bitte, helfen Sie mir.«

Ungläubig schaut der Mann sie an: »Aber da werden Sie ja ganz schwarz in meiner Lok! Und eigentlich darf ich das sowieso nicht erlauben.« Mara legt ihm bittend die Hand auf den Arm: »Ich habe auch etwas dabei für Sie. Gegen den Ruß hab ich ein Regencape und wenn Sie meine Geschichte gehört haben, werden Sie's nicht bereuen…«

Unschlüssig zieht der Mann an seinem Stummel; doch da ist Mara schon eingestiegen, es ist beinahe Zeit zur Abfahrt. Sie stellt ihren Rucksack in die Ecke und zieht sich ihr dunkles Regencape über. Da steigt auch der Lokführer ein, schließt die Tür und schon hören sie den Pfiff für die Abfahrt.

Der Lokführer kaut weiter an seinem Stumpen; er sieht auch, wie Mara eine Tafel Schokolade, Zigaretten, eine kleine Rauchwurst hervorholt. Während der Fahrt berichtet sie von sich und Walter. Er hört ihr neugierig zu und lacht schließlich: »Na, der wird aber staunen, wenn er hört, wie raffiniert Sie das geschafft haben!« Etwas gequält lacht Mara mit ihm; plötzlich, in der hereinbrechenden Nacht, erscheint ihr das Risiko des so fraglos eingegangenen Abenteuers in grellem Scheinwerferlicht. Wie wird Walter sie empfangen? Und wie wird sie legal wieder nach Belgien kommen? Und wird der Verlag von »Le Soir« ihren Tagungsbericht so verspätet noch nehmen? Wie betäubt verabschiedet sie sich von ihrem Helfer, als sie in Riedlingen die Lok verlässt.

Im Dunkel des fremden Ortes fragt sie sich durch, findet schließlich, begleitet vom Rauschen der Donau, ihr Ziel: das Landwirtschaftsamt. Das Licht in einem einzigen der Fenster führt sie, wie erhofft, zu Walters Büro… Sie klopft und öffnet zugleich die Tür. Walters Stuhl fällt um, als er aufspringt und sie wortlos in seine Arme zieht. Vage nimmt er den fremden Geruch nach Rauch und Kohle wahr, den ihre Kleidung verströmt; alles ist unwichtig, als sie sich in den Armen halten. Dann steigt in Walter ein Schluchzen auf: »Und ich hab dich alleingelassen, mit all den offenen Fragen – nein, schlimmer noch, mit meiner einzigen Frage bin ich Feigling wieder abgereist, hab mich nicht getraut, sie zu stellen!« Er zieht sie noch fester an sich. »Und jetzt bist wieder du gekommen, mein Seelchen, meine Mara!«

Dicht an ihn geschmiegt, fühlt sie, wie die Anspannung langsam von ihr abfällt. Sie weiß nun, dass sie intuitiv richtig gehandelt hat.

Die folgenden Tage bringen in langen Gesprächen Klarheit für beide. Ja, sie wollen miteinander leben. Für immer. Ja, Mara wird nach Deutschland kommen – nein, zu ihm, in Deutschland! Und sie werden heiraten, denn ohne diesen formalen Akt – für Mara hat er eine symbolische, für Walter auch eine spirituelle Bedeutung – kann sie nicht ohne Weiteres nach Deutschland einreisen. Walter wird – ganz nach alter Sitte – Vicky in einem Brief bitten, ihm ihre Tochter als Ehefrau anzuvertrauen. Schließlich ist sie mit 19 Jahren noch nicht volljährig. Übersiedelung und Heirat sollen im nächsten Sommer, also 1948, über die Bühne gehen.

Mit einer traumhaften Gewissheit bringen Walter und Mara den praktischen Einstieg in die gemeinsame Lebensplanung auf den Weg. Sie haben nicht viel Zeit dafür.

Wenn Walter tagsüber arbeitet, streift Mara durch das Städtchen. Alles kommt ihr eng und ungewohnt provinziell vor. Es tröstet sie, dass sie nicht hier, sondern bald in der Universitätsstadt Tübingen wohnen werden.

Das alte Fräulein Marmor, Walters Vermieterin, schließt Mara in diesen wenigen Tagen in ihr Herz. Mara bewohnt Walters Zimmer, während er bei entfernt Verwandten im Ort übernachtet.

Das Abendessen nehmen sie zu dritt bei Fräulein Marmor ein, die sich über diese seltene Abwechslung in ihrem Alltag freut. Die Tage, vor allem die gemeinsamen Abendstunden vergehen den Liebenden im Flug. Freilich wirkt die ungesicherte Rückreise von Mara immer bedrohlicher. Sie wissen, dass sie bis zu Maras Eintreffen in Brüssel ohne Verbindung sein werden. Erst dann kann sie ihm ein Telegramm schicken.

Mara entscheidet sich, nach Baden-Baden zu fahren, direkt in die Höhle des Löwen, zum Hauptquartier von General Koenig, dem »Commandant en Chef« der Französischen Besatzungszone. Sie sagt sich: Letztlich muss er meine Rückreise genehmigen – alle anderen Instanzen kann ich mir sparen. Im Grunde ist mein Anliegen eine Art Gnadengesuch mit Kniefall.

Walter, geprägt vom Respekt vor Autoritäten in seinem bisherigen Leben, ist fasziniert von Maras euphorischem Selbstvertrauen; zudem rechnet er auch mit ihrem realistischen Denken und Handeln. Ihr gemeinsamer Lebenshunger hilft ihnen, Unmögliches möglich erscheinen zu lassen.

Listenreich und mit viel Glück gelangt Mara unkontrolliert nach Baden-Baden. Als der Zug dort einläuft, hat kurz davor ein Zug aus nördlicher Richtung ein Kontingent Flüchtlinge ausgeladen. In dem beschädigten Bahnhofsgebäude herrscht ein unüberschaubares Chaos; viele Menschen müssen die Nacht hier verbringen, an diesem Abend ist kein Zug mehr zu erwarten.

Mara verlässt den Bahnhof und versucht, den Sitz des Oberkommandos der Besatzungsmacht zu erkunden für ihren Weg dorthin am nächsten Tag. Bei den Wachen vor dem imposanten Bau erfährt sie die Öffnungszeiten und dass für ihr Anliegen nicht General Koenig, sondern sein Administrateur Général, Émile Laffon, zuständig sei. Mit diesen nützlichen Informationen wandert sie noch eine Weile ziellos durch dunkle Straßen, die mehr von der starken Präsenz des französischen Militärs zeigen als von der vergangenen Pracht der eleganten Kurstadt.

Die unruhige kalte Nacht inmitten der im Bahnhof kauernden Flüchtlinge lässt die Erinnerungen auftauchen an die Septembernacht vor drei Jahren in der Festung von Namur, als sie mit ihren Schützlingen der Befreiung von der deutschen Besatzungsmacht in Belgien entgegenfieberte, ebenfalls inmitten einer unbekannten Menschenmenge. Die Stimmung der Wartenden war damals freilich eine andere. Hier in Baden-Baden sind die meisten Reisenden unterwegs in eine fremde, ungesicherte Zukunft, nach einer Odyssee von Heimatverlust, von Angst und Verzweiflung.

Ziemlich gerädert erscheint Mara am nächsten Morgen im französischen Verwaltungsgebäude. Sie verfolgt ihre bewährte Charme-Offensive, bis sie tatsächlich dem Administrateur Général in persona in seinem fürstlich ausgestatteten Büro gegenübersteht. »Un quart d'heure pour vous, Mademoiselle – je suis un homme très occupé ...« Aufmerksam nimmt er ihr gegenüber Platz, hört ihr konzentriert zu, macht sich hier und da eine Notiz.

Mara legt ihm alle relevanten Papiere vor – Pass, Einladung zum Titisee-Treffen, Redaktionsauftrag von der Zeitung »Le Soir«, Personendaten von Walter. So knapp wie möglich fasst sie ihre gemeinsame Geschichte zusammen – natürlich in französischer Sprache – vom ersten Linsentopf am Zaun von Park Laeken bis heute. Sie sei sich bewusst, gegen die Vorschriften gehandelt zu haben; würde aber, unter den gegebenen Umständen, wieder so handeln. »Au nom de l'amour«, fügt sie lächelnd an.

Laffon schweigt ziemlich lange. Mara wartet erschöpft, sie hat sich ganz in seine Hand begeben. Schließlich steht Laffon auf, gibt ihr, bis auf den Pass, alle Papiere zurück und sagt, nach einem kleinen Räuspern, sie möge am folgenden Tag wiederkommen. Auf ihre Bitte hin – sie klagt über die chaotische Nacht im Bahnhof – verschafft er ihr auch noch »Kost und Logis« in einem beschlagnahmten Hotel.

Am nächsten Vormittag wird Mara sofort vorgelassen. Laffon tritt ihr fast heiter entgegen, überreicht ihr – mit dem Pass – eine genehmigte Aufenthaltsverlängerung und einen gültigen »Laissez-passer«. Mit einer Verneigung sagt er zum Abschied: »Je vous souhaite, Mademoiselle, que cet homme s'avère digne de vous et de votre courage.«

Mit diesen Worten im Ohr schwebt Mara wie auf Wolken durch den Rest des Tages ...

Eine fahle Wintersonne scheint durch das Fenster in das Brüsseler Mansardenzimmer. Vicky sitzt auf dem abgenutzten Ledersofa, einen Arm auf das Kopfteil gestützt, raucht heftig und schaut den aufsteigenden Schwaden nach.

Mara hat sich an den Esstisch gesetzt, ihr gegenüber. Seit letzter Nacht ist sie wieder zuhause, und seit dem Frühstück erzählt sie der Mutter vom Verlauf ihrer Reise, von der ungeplanten Verlängerung, ihrem Entschluss... Am Ende ihres immer wieder stockenden Berichtes reicht sie Vicky den Brief von Walter. Seither weitet sich ein Schweigen im Raum.

Beide versuchen wohl ihre Gefühle zu ordnen, sie sagbar zu machen, ohne einander wehzutun. Es kann nicht gelingen. Zu weit zurück reichen die schweigenden Einsamkeiten, die seelischen Entbehrungen, Verletzungen, auch die unerfüllten Wünsche. Nein – Wörter, Sätze, jetzt ausgesprochen, würden ihre zerstörerische Eigendynamik entfalten.

Der Dialog zwischen Mutter und Tochter entfaltet sich dennoch: unterschwellig, im Schutz ihres gemeinsamen Schweigens. Ein Austausch von Erinnerungen, Vorhaltungen und Beteuerungen, den sie nicht laut werden lassen.

Vicky: »Das also ist meine Ernte, das Fazit all meiner Mühen: Ich wollte eine bessere, selbstgestaltete Zukunft für dich; was habe ich dafür nicht alles auf mich genommen! Hab geschuftet, mich demütigen lassen, hab gelogen, verzichtet – ach, auf was nicht alles... Und nun wofür?«

Mara: »Aber das war doch nicht umsonst – du hast es doch erreicht, und ich bin froh und bleibe dir dankbar!«

Vicky: »Ja, du dankst mir, indem du mich verlässt,

mich allein hier in der Fremde sitzen lässt, wo ich die Sprache nicht verstehe, wo ich, abgewirtschaftet, nun allein alt werden soll...«

Mara: »Sobald es geht, wirst du zu uns kommen, bei uns leben. Und allein – allein, auf mich selbst zurückgeworfen – hab ich mich eigentlich schon immer gefühlt. Als ich klein war, habt ihr mich nie ernst genommen, mich immer weggeschickt! Nicht mal zu Papis Beerdigung durfte ich mit. Und fast zwei Jahre lang du mich dann in fremde Familien gegeben... Und als dann plötzlich der Fred in deinem Bett lag – da hab ich mich wirklich von Gott und der Welt verlassen gefühlt!«

Vicky: »Im Grunde waren wir alle drei einsam in den Jahren. Jeder hat für sich gelitten. Ich hatte immer Angst, dass dir was passiert, wenn du stundenlang in der Stadt herumgestreunt bist, Angst, dass ich zusammenbreche...«

Mara: »Als ich aber dann Walter begegnet bin, hab ich mich zum ersten Mal im Leben als eigener Mensch gesehen und ernst genommen gefühlt. Ja, ich will mit ihm leben. Wir werden das schon schaffen, ich weiß sicher, dass er mich liebt.«

Vicky: »Zum Glück kenne ich Walter. Er ist sicher ein lauterer Mensch. Und du warst eigentlich die ganzen Jahre über eigenständig auf deine Art. Ja, ich weiß: Ich hab viel versäumt an dir – ich hatte einfach nicht genügend Kraft. Und jetzt? Jetzt brauchst du mich sowieso nicht mehr – du bist jung, hast Walter an deiner Seite... Und ich...?«

Am Ende des verschwiegenen Dialogs steht Mara auf, setzt sich dicht neben Vicky und schmiegt sich an ihre Seite: »Mami, wo bist Du?« Vicky dreht sich zu ihr: »Was macht Walter eigentlich beruflich?«

»Er hat Volkswirtschaft studiert und ist jetzt Referendar« – sie stottert das Wort hervor, weil sie nichts Genaues damit verbindet – »an einem Landwirtschaftsamt.«

Vicki zündet sich eine neue Zigarette an und nimmt einen langen Zug. Schließlich sagt sie: »Ich gebe ihm fünf Jahre …«

Verdutzt fragt Mara: »Wofür?«

»Nun, damit er dir ein angemessenes Leben bieten kann! Schließlich wirfst du nicht deine Zukunft weg, um als biedere Hausfrau und Mutter einer mittleren Kinderschar in einem deutschen Kaff zu versauern.«

»Aber Mami, wie kommst du nur auf so was! Glaubst du wirklich, ich gebe meine Pläne, meine Eigenständigkeit auf?! Du weißt doch am besten, dass ich meinen eigenen Kopf habe, dass ich arbeiten kann. – Und Walter wird mir diese Freiheit nie streitig machen, das weiß ich.«

Vicky schaut ihre hoch aufgerichtete Tochter mit einem wehmütigen Lächeln an: »Dein Wort in Gottes Ohren, mein Kind.« Sie steht nun ihrerseits auf.

Sie weiß, sie hat verloren. Nicht Walter ist ihr Gegner. Überwältigend ist Maras bedingungslose Liebe, ihre Bereitschaft, dafür alles Unbekannte auf sich zu nehmen. Hat sie selbst nicht einst auch so gehandelt? Damals, als sie sich gegen die Scheidung, für den von der Krankheit gezeichneten Hugo entschieden hat? Ja, Mara ist ihre Tochter.

Die wenigen Wochen zwischen ihrer Rückkehr aus Deutschland und Weihnachten vergehen für Mara in

einem einzigen Wirbel. Neben dem alltäglichen
Schul- und Arbeitsbetrieb sind zahllose Informations-
gänge nötig, um peu à peu die behördlichen Auflagen
zu erkunden und zeitlich zu koordinieren, die ihren
Weg zur offiziellen Verbindung mit Walter öffnen sollen. Walter seinerseits muss Ähnliches auf deutscher
Seite in Erfahrung bringen. Ein schier endloser Hür-
denlauf bis zum Sommer.

Als Mara ihrer Freundin Léa mitteilt, dass sie Walter
heiraten und nach Deutschland ziehen wird, verlässt
Léa wortlos das Zimmer. Voller Schmerz und Empörung erlebt sie das Ganze als Verrat. Verrat an ihrer
Schwester-ähnlichen Verbindung, an ihrem gemeinsamen jüdischen Opferstatus, an einer künftigen
Geistesverwandtschaft.

Nur langsam, nach vielen Gesprächen und schweigenden Umarmungen wächst eine neue, erwachsene
Vertrautheit zwischen ihnen heran.

Nach der Chanukka-Feier im »Schwalbennest«, an
der auch Mara teilnimmt, schwören sich beide le-
benslange Freundschaft. Erst danach kann Léa die
Einladung von Vicky und Mara für die Weihnachtsfe-
rien annehmen.

Weihnachten 1947 im Dachgeschoss der Rue Vande-
weyer: Es wird ein leises Fest für die drei Frauen. Im
vertrauten, mit Zweigen und Kerzen geschmückten
Raum tauschen sie kleine Geschenke aus, erheben
die Gläser mit dunkelrotem Saft zuerst auf eine friedvolle Zukunft, stoßen dann an auf ein gelingendes
Zusammenleben von Mara und Walter, auf die Ver-
wirklichung von Léas beruflichen Plänen und
schließlich auf eine gute Zukunft für Vicky, die – wie
sie selbst sagt – »Mutter von dat Janze«.

Während sich die politischen Gegensätze zwischen
Ost und West in der ersten Jahreshälfte 1948 hoch-
schaukeln bis hin zur Währungsreform der westdeut-
schen Besatzungsgebiete und der amerikanischen
»Luftbrücke« zur Versorgung des abgeriegelten Berlin. Während in Indien Mahatma Ghandi, für Mara
ein bewundertes Vorbild, von einem Attentäter er-
mordet wird, bemühen sich die beiden Liebenden
weiterhin, die bürokratischen Hürden mit zäher Geduld zu überwinden. Papier, Papier, Papier! Anträge
ausfüllen und verschicken – auf dem Postweg zwischen Deutschland und Belgien braucht es etwa eine
Woche. Warten. Nachhaken. Warten.

Zugleich bereitet sich Mara für die im Mai beginnenden Abiturprüfungen vor und arbeitet daneben, um
das nun doppelt nötige Geld zu verdienen. Von Walter erfährt sie, dass auch er im Frühsommer Prüfungen zu bestehen hat und vorher Kurse in München
sowie diverse Praktika absolvieren muss.

Im Februar schreibt Walter an Mara: »Ich merke zu
meinem Schrecken, dass Dich manche Passagen in
meinen Briefen in Not und Traurigkeit stürzen – Du,
mein Lieb: Ich will doch alles andere, als Dich betrü-
ben! Aber vor Enttäuschungen bewahren möchte ich
Dich! Ich bin halt ein Zweifler, ein Wankelmütiger,
ein ungläubiger Thomas! Habe Angst, dass ich zu
schwach bin, Dich in meinem – eigentlich kleinbür-
gerlichen – Umfeld (inklusive Familie) genügend
schützen, unterstützen zu können; Angst, dass ich mit
Deinem unglaublichen Lebensmut, Deiner Tatkraft
nicht Schritt halten kann! Andererseits glaube ich
aber daran, dass ein ›neuer Walter‹ in Deinem reichen Boden Wurzeln schlagen und seine Kräfte entfalten kann... Wenn Du demnächst hier sein wirst,

um das offizielle Aufgebot zu bestellen, werden alle Schatten verfliegen, Du, meine Sonne.«

Ach ja, das Aufgebot. Die damit verbundenen Auflagen und die Dokumentenflut bringen Mara fast zur Verzweiflung. Neben allen sonstigen Papieren muss sie ein »Ehefähigkeitszeugnis« beibringen. Es bescheinigt ärztlicherseits, dass sie keine Geschlechtskrankheiten hat, notiert auch (in Klammern) dass sie als Jungfrau (!) in die Ehe tritt.

Für Mara steht ein Gespräch an mit den drei »Mäze-
ninnen«, die ihr die Übernahme der monatlichen Stu-
dienkosten für ein Medizinstudium an der Freien
Universität Brüssel zugesagt haben. Ein ungewöhn-
lich großherziges Angebot, und nun muss sie ihnen
ihre Kehrtwendung mitteilen.

Die drei Lehrerinnen unterhalten sich angeregt im
Besprechungsraum: die geliebte Mme. Chevallier,
zuständig für Griechisch und für französische Literatur; Mme. Hannevart, unglaublich vielseitig gebildete
Latein- und Englischlehrerin; schließlich ihre Biologielehrerin, vielfach ausgezeichnete Naturwissen-
schaftlerin, die einen richtig spannenden Unterricht
bot.

Etwas beklommen berichtet Mara in gedrängter Fassung von ihrer Geschichte mit Walter und der bevorstehenden Heirat.

»Heißt das, du wirst zurückgehen in das Land, das
dich und deine Familie entrechtet und verjagt hat?«
Es ist die Biologielehrerin, die nach längerem
Schweigen im Raum betont leise diese Frage stellt.

»Ich gehe zu dem Menschen, der mir in dieser Erniedrigung geholfen und mich als liebenswert aner-
kannt hat. Und der wohnt nun, leider, in Deutschland!«

»Gibst du, diesem Menschen zuliebe, nun deine Zu-
kunftsperspektiven, deine Studienpläne auf? Ist es dir
dieses Opfer wert?« Mme. Hannevart hat sich vorge-
beugt und schaut Mara eindringlich in die Augen.

»Walter ist es wert, dass ich viel Unbekanntes auf
mich nehme. Aber an meinen Berufsplänen halte ich
unbedingt fest! Ich werde dann eben in Tübingen
studieren.«

Mme. Chevallier erhebt sich etwas schwerfällig, geht

zu Mara hinüber, die schnell aufgestanden ist, und legt ihr die Hände auf die Schultern: »Wenn die Liebe spricht, duldet sie keine Halbheiten. Ich verstehe, dass du gehen musst – aus deiner Liebe heraus. Du gehst deinen Weg. Hoffentlich wirst du durch ebensolche Liebe belohnt... Unser Vertrag gilt, solange du hier in Belgien bist, weiter.« Sie wendet sich fragend den beiden anderen Frauen zu, die nicken schweigend und verabschieden sich mit einem Lächeln der Ermutigung von Mara.

Für Mara vergeht die Zeit im Flug. Im Februar darf sie für drei Tage nach Tübingen reisen, um das Aufgebot zu bestellen. Walter hingegen klagt wenige Wochen später über einen neuen Ortswechsel:
»Heute hat das Gedankengefüge, das an unserer gemeinsamen Zukunft baut, plötzlich einen kräftigen Stoß bekommen. Mit diesem Monat endet mein Aufenthalt hier in Riedlingen! Ab April werde ich den zweiten Teil meines Referendariats in Nagold ableisten, am Rande des Schwarzwaldes, etwa 30 Kilometer von Tübingen entfernt. Hier war ich allmählich warm geworden mit den Menschen; hier habe ich einen interessanten, ausbaufähigen Arbeitsbereich; ich konnte schon – ohne zu hamstern, was ich verabscheue! – beginnen, einen kleinen Lebensmittelvorrat anzulegen für unseren ersten gemeinsamen (!) Winter. Doch nun fängt alles von vorn an! Wohnungssuche (mit der Lupe!), die ganze verdammte Bürokratie, die Jagd nach Lebensmitteln, und, und, und… Es fällt mir auch schwer, die gute Tante Marmor zu verlassen; mir ist immer, als hielte auch sie etwas von Dir in ihren Räumen, etwas, das ich hier spüren kann. Nun, es ist wohl das Schicksal aller Berufsanfänger, nicht selbst Herr der Lage sein zu können.
Eigentlich möchte ich Dich einfach bitten, nicht zu verzagen und all diese Wege mit mir zu gehen: Ich brauche Dich so sehr…«
In den Osterferien bekommt Mara wieder eine Einladung, das 2. Internationale Jugendtreffen findet diesmal auf dem Schauinsland statt, ebenfalls im Schwarzwald. Wieder gelingt es ihr, der Tageszeitung »Le Soir« einen Bericht über das Treffen zu verkaufen, diesmal für einen recht stattlichen Betrag. Sie

kann darüber schreiben, wie sich das internationale Treffen immer mehr zu einer deutsch-französischen Jugendpartnerschaft auf verschiedenen Gebieten entwickelt.

Anfang Mai hält sie endlich das ersehnte Dokument in den Händen: »... darf ich Ihnen mitteilen, dass Ihre Ausreise zwecks Heirat ab dem 31. Juli 1948 genehmigt ist; das Gleiche gilt für die Überführung des Heiratsgutes nach Tübingen. Beides ist der persönlichen Intervention von Monsieur L'Administrateur Général et Gouverneur Civil Laffon zu verdanken. – Die Heirat muss dann innerhalb Ihrer Aufenthaltsgenehmigung von 3 Tagen vollzogen werden. Danach erlischt sie.«

Ab jetzt wird das Alltagsleben der beiden Liebenden zum Wettlauf mit der Zeit. Walter absolviert in München eine Prüfung nach der anderen. Maras Abitur beginnt ebenfalls im Juni. Noch immer gibt sie Nachhilfeunterricht und macht nun auch kleinere Übersetzungsarbeiten ins Deutsche für eine aufstrebende belgische Firma, die mit der deutschen Firma Zeiss ins Geschäft kommen will.

Im Hintergrund versucht Vicky, das so genannte Heiratsgut vorzubereiten. Es ist ihre eigene Aussteuerwäsche, die kaum benützt in einem Überseekoffer über den Krieg gerettet wurde, in einem modrigfeuchten Keller. Nun muss Stück für Stück gewaschen und von Moderflecken befreit werden – große Wäsche auf den beiden Gasflammen –, danach getrocknet und gebügelt im einzigen Zimmer.

Manchmal hilft auch Léa. Wenn sie beide versuchen, ein großes Wäschestück zusammenzulegen, raunzt sie Maras neuen Namen absichtlich verzerrt vor sich hin, halb im Scherz, halb traurig. Mara versucht, gute

Miene zu den kleinen Spitzen zu machen, die Léas zwiespältige Gefühle zeigen. Sie nimmt die eigenen Gefühle nur noch als ungeordnetes Durcheinander wahr, während sie sich durch die Anforderungen der Tage arbeitet.

An Walter schreibt sie in kurzen Nächten kurze Briefe, so Ende Juni: »Morgen steht die mündliche Mathe-Prüfung an; eine Stunde, öffentlich! Im großen Hörsaal, vor Lehrern und den kommenden Kandidaten. Wenn diese Tortur ›siegreich‹ überstanden ist, laufe ich auf Händen über die Straße! Nachmittags dann drei Nachhilfeschüler in Latein und Französisch... Womöglich bin ich nur noch müde, wenn ich Dir irgendwann in Tübingen in die Arme falle...«

Mitte Juli 1948 ist das Schuljahr zu Ende. Zum eigenen Erstaunen hat Mara sogar die gefürchtete öffentliche Mathe-Prüfung bestanden. Bei der Verabschiedung der Abiturienten wird ihr überraschend ein Preis für französische Literaturkunde überreicht – mit Hinweis auf ihre beiden Presseveröffentlichungen. Vicky und Léa, die unter den Angehörigen der anderen Absolventinnen in der Aula sitzen, strahlen vor Stolz. Der Abschied von ihrer Schule fällt Mara plötzlich schwer. Sie hatte dort eine Zeit geistiger und menschlicher Bereicherung unter hervorragender Anleitung erlebt.

Walter sieht mit der eben eröffneten Währungsreform schwere Zeiten auf Deutschland zukommen: »Wir werden über Jahre bettelarm sein, und ich werde Dich nicht so umsorgen, gar verwöhnen können, wie Du es verdienst. – Wie kommt's überhaupt, dass Du sogar den Verlust Deines Stipendiums verkraftest, Deine Pläne um meinetwillen aufgibst? Wie kommt's, dass Du an mich glaubst, mir vertraust, mehr als ich mir selbst?«

Walters pessimistische Einschätzung der politischen Entwicklung wird von der skeptischen Haltung seiner Familie gegenüber Mara, »dem fremden Vogel«, unterschwellig umgeleitet auf eine private Ebene. So beklagt er immer wieder die bevorstehenden Entbehrungen, Einschränkungen, die ihnen als Paar bevorstehen und denen er sich – als Mann und Versorger – ohnmächtig gegenübersieht.

Bekommt er Angst vor der eigenen Courage? Es bringt auch Mara in einen Zwiespalt: Soll sie lächeln über seine Sorge? Oder ihm energisch widersprechen? Den flüchtigen Gedanken, sich selbst zurückzuziehen, verwirft sie aber rasch.

Glücklicherweise lenkt sie auch das Angebot eines Modehauses ab: »... an drei Abenden der nächsten Woche hier in Brüssel – im Rahmen seiner exklusiven Modenschau – einige Abendkleider und Sportensembles zu präsentieren: sehr gutes Entgelt für relativ wenig Zeitaufwand! Bitte, hab nicht die Sorge von damals, als ich für Coco Bademoden und anderes vorführte: Ich werde mich nicht anwerben lassen!! Es bleibt dabei: Ich gehöre zu Dir, Du ungläubiger Thomas!«

Dann ziehen letzte bürokratische Schwierigkeiten alle Aufmerksamkeit an.

Es geht um Vickys Reiseerlaubnis zur Teilnahme an der Hochzeit. Ihre Mutter darf aber erst nach Tübingen reisen, wenn Mara standesamtlich verheiratet ist. Die kirchliche Hochzeit – von Walter und seiner Familie als selbstverständlich und als »eigentliche« Hochzeit angesehen – kann also erst später stattfinden. Denn dass Vicky bei diesem Fest mit dabei sein kann, ist für Mara eine Herzenssache.

Das Heiratsgut geht per Fracht schon auf die Reise, es muss verschiedene Zollkontrollen passieren. Und endlich steht auch Maras Reisetermin fest: Am 22. August 1948 verlässt sie Belgien, das einst unfreiwillig gewählte Land, das ihr und Vicky über acht Jahre Asyl, Schutz und Hilfe zu ihrer persönlichen Entwicklung gewährt hat. Augenblicke höchster Gefahr, Begegnungen mit Menschen, die mit ihr gebangt und sie ermutigt hatten, ihr halfen und ihr Wege aufzeigten – viele Momentaufnahmen tauchen in ihr auf, nachdem sie sich von Vicky und Léa verabschiedet hat. Im anfahrenden Zug lässt sie ihr Taschentuch lange zum Fenster hinausflattern, und es ist ihr, als ob sie laut rufen müsste: »Merci, noble Belgique!«

»... und so frage ich auch Sie, Mara Benda, wollen Sie, aus freiem Willen, Walter Rau zum Ehemann nehmen? So antworten Sie: Ja, ich will.«

»Ja. Ich will.«

Es ist der 23. August 1948. Mara ist nach einer anstrengenden Nachtfahrt über Luxemburg am Morgen in Tübingen eingetroffen. Drei Stunden später ist sie schon verheiratet, heißt nicht mehr Mara Benda, sondern Mara Rau. Im Zug hatte sie immer wieder die ungewohnte Unterschrift geübt. Sie ist – wieder – deutsche Staatsbürgerin; nicht etwa weil die einstige Aberkennung zurückgenommen wurde, sondern »kraft Eheschließung«...

Das alles ist ein bisschen zu viel für sie, nach der durchwachten Nacht, vor allem nach den vergangenen hektischen Monaten. Sie nimmt die Glückwünsche der beiden Trauzeugen aus ihrer neuen Familie wie in Trance entgegen. Eigentlich möchte sie am liebsten mit Walter allein sein, möchte eigentlich nur schlafen.

Doch Walter ist unerbittlich in seinem glücklichen Eifer, ihr seine Liebe, sein Vertrauen zu beweisen: Er zieht sie, buchstäblich, nach der standesamtlichen Trauung sofort weiter zu seiner Bank, um ihr die Vollmacht über sein Konto zu übertragen. Mara hat keine Ahnung von Bankgeschäften, will den Vorgang vertagen, bis sie wenigstens dessen Grundlagen kennt. Doch Walter besteht auf ihrer Unterschrift, will ihre Verbindung auch auf dieser Ebene besiegeln: »Du wirst das im Nu begreifen, Liebste, glaub mir!«

Als sie im Haus der Familie angekommen sind, tragen Walters Schwestern ein bescheidenes Festmahl auf, Walters Vater – von allen »Großvater« genannt –

begrüßt Mara offiziell als Familienmitglied. Er macht deutlich, dass die »eigentliche«, die kirchliche Trauung noch ausstehe; Mara möge sich bis dahin schon einmal »mit den Sitten und Gebräuchen« und den Familientraditionen vertraut machen. Er selbst wünsche sich sehr, ihre Mutter bald kennenzulernen. Mara spürt instinktiv, dass Großvater hofft, durch Vicky ein deutlicheres Bild ihrer Herkunft und ihres Lebenshintergrundes zu bekommen. Durch den Schleier ihrer Müdigkeit registriert sie die verhaltene Skepsis des aufrechten alten Mannes und nimmt sich vor, ihn nicht zu enttäuschen.

Drei Tage später muss Walter seine Arbeit in Nagold wieder aufnehmen. Die gemeinsamen Stunden bis dahin verbringen die beiden in neu wachsender Nähe und Vertrautheit, voller Zärtlichkeit und wachsender Leidenschaft. Sie haben sich vorgenommen, ihr Begehren zu zügeln, um einander »in der Tiefe zu erkennen«, wie Walter sagt. Ihr gemeinsames Glück ist wie ein Schutzwall, der jede Anzüglichkeit, jeden augenzwinkernden Scherz abweist.

Dann steht Walter reisefertig neben seinem voll bepackten Fahrrad, mit dem er die 30 km nach Nagold bewältigen wird. Mara – in ihrem Sommerdirndl, das sie aus einem amerikanischen Carepaket bekam – winkt ihm nach, mitten auf der Straße, solange sie ihn sehen kann. Sie bleibt zurück in einer Fremde, die sie sich heimisch machen will.

»Mara, kannscht m'r g'schwind helfe?« Walters Schwester ruft in den Garten am Neckar hinaus, wo Mara gerade die letzten roten und schwarzen Johannisbeeren von den Sträuchern pflückt. Sie geht eilends zum Haus und klettert über die Verandabrüstung. Margrit, hochrot im Gesicht vom Dampf der gekochten Früchte, leert gerade aus einem Korb eine neue Portion Beeren in ein Passiersieb, das die Stängel von den Früchten trennen soll. »Heb amoal«, weist sie Mara an.

»Noi, et lupfe, nur hebe!«, schiebt sie nach, als Mara das Passiersieb anhebt und damit Margrit zwingt, den Korb noch höher zu halten. Lachend korrigiert Mara ihren Fehler: »Ich lerne es schon noch: Heben heißt hier auch nur festhalten; aber ob aus mir irgendwann eine richtige Schwäbin wird?!«

Es ist nicht nur die Sprache, deren Melodie sie rasch aufnimmt, deren Idiom ihr aber lange fremd bleibt, wie so vieles in diesem urschwäbischen bürgerlichen Umfeld. Das bisherige Leben hat ihr wirksame Organisations- und Überlebensstrategien beigebracht. Aber vom Kochen und Einkauf, von »normaler« Haushaltsführung hat sie alles, aber auch alles erst zu erlernen! Deshalb fragt sie der Schwägerin Margrit Löcher in den Bauch, wenn sie gemeinsam die alltäglichen Arbeitsgänge durchlaufen: Betten machen, aufräumen, sauber machen, einkaufen, Mittagessen vorbereiten, abspülen, Wäsche waschen, bügeln, flicken, Kuchen backen und vieles, vieles mehr! Margrit ist eine geduldige Lehrerin, dabei ohne jede Besserwisserei – immer wieder verweist sie auf ihre fachkundige junge Schwester Gertraud, die eine Hauswirtschaftsschule besucht hat, sich auch am Webstuhl und in der Spinnerei auskennt. Doch Gertraud hat gerade Liebeskummer, sitzt meist am Spinnrocken und singt melancholisch vor sich hin, kaum zugänglich für Maras Alltagsfragen.

Für »frische Luft« im täglichen Wiederholungsallerlei sorgen die beiden Studenten, die im gastlichen Haus Rau Aufnahme gefunden haben: Reinhart, der Stud. med., und Paul, Stud. phil. Beide sind erst seit zwei Jahren aus Krieg und Gefangenschaft entlassen, Reinhart mit nur noch dem linken Arm. Humorvoll und schlagfertig bringen sie etwas Schwung und Witz in den allgemeinen Umgang, besonders in die Küche, die sie mitbenützen. Mit Margrit und Mara wetten sie z. B., wer seine Pfannkuchen am höchsten werfen und wieder im Flug auffangen kann: Es ist Reinhart, dessen linker Arm am gewandtesten die Pfanne jongliert. Unter Gelächter und Beifall gewinnt er einfach immer!

Zu den Wochenenden kommt Walter aus Nagold zurück, und beide verbringen sie meist außer Haus; noch ist ja Sommer! – Über ganze Tage wandern sie durch die vielgestaltige, wunderschöne nähere und weitere Umgebung der alten Universitätsstadt. Sprechen über tausend Dinge, küssen einander, gehen schweigend, eng aneinandergeschmiegt, oder jagen lachend über Wiesen und verstecken sich im Unterholz des Schönbuchwaldes, der sich von Tübingen in Richtung Stuttgart ausbreitet.

An jedem Sonntagabend wird ihnen der Abschied schwerer... Als sie erfahren, dass Vicky erst Ende Oktober die »Besuchsreise zur deutschen Tochter, wohnhaft in Tübingen – hoheitlich der französischen Besatzungszone zugehörig«, genehmigt wird, trübt sich die Stimmung von Walter und Mara ein. Und in Mara wachsen Sehnsucht und Ungeduld.

Der Kalender sagt: Es ist Herbst, Oktober ist ganz nah. Doch es sind spätsommerwarme Tage, die mit ihrem Licht den Menschen das Herz wärmen und die Natur sanft auf die späten Farben einstimmen.

Morgen wird Mara 20 Jahre alt. Sie weiß, dass Walter kommen wird. Doch sie hat einen eigenen Plan. Es ist Donnerstag, und sie wird mit dem Bus nach Nagold fahren und ihn dort überraschen! Der schwere Rucksack enthält vor allem Essbares, denn Lebensmittel sind weiterhin rationiert. Doch Margrit hat ein Glas Erdbeerkonfitüre – hier »Gsälz« genannt – aus der frischen Ernte gestiftet, ebenso ein Achtel Butter. Unter ihrem prüfenden Blick hat Mara einen köstlich duftenden Marmorkuchen gebacken.

Im unbekannten Nagold fragt sie sich durch zum Landwirtschaftsamt. Als Walter nach Dienstschluss das Gebäude verlässt, gibt sie ihm, der sie nicht entdeckt hat, einen kleinen Vorsprung.

Sie folgt ihm eine Weile unbemerkt und hält ihm irgendwann von hinten die Augen zu! Erschrocken dreht er sich um – fassungslos schaut er in ihre spitzbübisch strahlenden Augen: »Mara!«

»Ja, du träumst nicht. Und ich bin kein Besuch, Walter – ich bin gekommen, um zu bleiben.« Sie sieht ihn ernst und entschlossen an: »Es ist doch absurd, dass wir jetzt verheiratet sind und uns dennoch immer wieder trennen müssen!«

Walter schaut sie an, als sähe er sie zum ersten Mal: »Aber wir haben hier ja keine Wohnung, und in meiner Schlafstelle hab ich nur eine Art Kammer mit einem Bett, Waschbecken, Garderobe und einem Stuhl – da können wir nicht bleiben...« Ratlos steht er vor ihr.

»Lass uns doch erst mal ein Plätzchen suchen, wo wir

*Im Glück des
Wiedersehens.*

meine mitgebrachten Brote essen und etwas trinken
können«, schlägt Mara vor. Walter ist einverstanden,
der Vorschlag verschafft ihm eine Denkpause. Im
Gasthaus »Zum Löwen« werden sie freundlich empfangen und mit einem Teller heißer Gemüsesuppe
versorgt. Noch immer müssen Lebensmittelmarken
abgegeben werden, wenn man im Gasthof essen will;
deshalb ist es auch möglich, Mitgebrachtes daneben
zu verzehren.

Mara ist enttäuscht. Sie hat sich vorgestellt, dass Walter ihre Initiative glücklich aufnehmen wird, nun
sieht sie ernüchtert nur, wie er Hindernisse und Un-
möglichkeit erkennen kann. Es ist ja nicht so, dass
sie aus einem Wolkenkuckucksheim heraus gehandelt hat. Mit allen möglichen Schwierigkeiten hat sie
gerechnet, nicht aber mit Walters Pessimismus.

In der gemütlichen Gaststube mit ihrer abendlichen Männer-Stammtischrunde begrüßt der Wirt dann Walter als gelegentlichen Gast und begutachtet Mara freundlich prüfend. Alles spricht für einen gediegenen Treffpunkt einheimischer Bewohner, der nur selten Fremde in seinen Mauern sieht. Walter schlägt vor, für Mara im Gasthof ein Zimmer für die Nacht zu mieten; offensichtlich scheut er die Konfrontation mit seiner Wirtin, schämt sich wohl auch der Kargheit seiner Kammer. Doch Mara bleibt fest: Sie will ab jetzt wirklich mit ihm zusammenleben. Ganz.

Die Vermieterin lässt sich nicht blicken, als sie die Wohnung betreten. So stehlen sie sich beide wie Diebe in Walters Kammer. Mara wird das Herz schwer, als sie die Armseligkeit seiner Behausung sieht.

Doch als Walter sie fest umschließt, liest sie in seinen Augen eine glückselige Bestätigung: Wie gut, dass du gekommen bist! Wie gut zu spüren, dass du bei mir sein willst. Die unwirtliche Umgebung vergessen sie rasch in dieser Nacht im Spiel ihrer Körper. Ja, ich will.

Am nächsten Morgen geht Walter früh aus dem Haus. Bis Mittag hat er Dienst und will anschließend noch zwei Bauern zur Anschaffung von Maschinen beraten. Danach, so haben sie es gemeinsam beschlossen, werden sie nach Tübingen fahren. Walter will die Wohnungsfrage endlich energisch angehen.

Mara ihrerseits liefert sich mit der aufgeregten Vermieterin noch ein kurzes Duell: »Hausfriedensbruch« ist noch die geringste der keifenden Anschuldigungen. Dann verlässt auch sie das ungastliche Haus.

Sie frühstückt im »Löwen«, wo ihr der Wirt vergnügt seinen »Muggefugg« und zwei Scheiben Brot mit Kunsthonig serviert. Behutsam, aber gezielt kommt Mara zu der entscheidenden Frage, ob er womöglich wüsste, wer ihnen ein Zimmer vermieten würde.

»Oh, Frau Rau, da müsset Se schon en Zauberer bemühen! Wo m'r doch soo viele Flüchtling' han!«

Mara lässt nicht locker, scherzt mit dem Wirt und schmeichelt seiner Persönlichkeit, die doch alles in der Stadt wüsste, und so erfährt sie, dass im Nachbarhaus ein Fräulein Schuh das Wohnrecht auf Lebenszeit in dem großen Haus habe, in dem sie die früheren Besitzer bis zu deren Tod versorgt hat. »Da wohnt zwar auch noch eine Kriegerwitwe mit ihren zwei Kindern, aber froage koscht ja nix.« Mara springt auf, trinkt schnell noch ihre Tasse aus und huscht mit einer Kusshand für den Wirt aus der Tür.

Fräulein Schuh empfängt sie in ihrer Küche. Eine stattliche Erscheinung, weißes Haar, knochige, abgearbeitete Hände, bäuerliches Gesicht mit wachen Augen, die sich jetzt prüfend auf Mara richten. Sie trocknet sich die Hände, die bis gerade eben Salat gewaschen haben, und bietet ihr einen Stuhl an.

Mara bringt ihr Anliegen als fast flehende Bitte vor,

betont ihre akute Notsituation und dass sie beide, was eine Wohnung angeht, nicht anspruchsvoll seien.

»I han koine Wohnung, die I Eane vermieten ka; I han högschtens a Kammer neben d'r Bühne, die m'r vielleicht a bissel wohnlich mache könnt... Aber da isch koi Heizung drin...« Sie merkt vielleicht nicht, dass Mara bei den Worten »Kammer und keine Heizung« einen inneren Rückzieher macht, aber dann doch fragt, ob sie die Kammer anschauen dürfe. Bereitwillig steht Fräulein Schuh auf und steigt langsam vor Mara hoch bis zum Speicher. Als die Tür den Blick zur »Kammer« aufgeht, möchte Mara am liebsten einen Luftsprung machen! Ein großes, schräges Dachfenster gibt den Blick auf die Burg Hohennagold frei, die Sonne scheint voll in den Raum, in dem leicht verstaubt ein altmodisches Bett, ein ovaler Tisch, zwei Stühle und eine Kommode stehen.

Unter den Schrägen gibt es viel Stauraum und vor der Tür einen mächtigen Schrank, den sie benützen dürften. Freilich: Wasser und Toilette gibt es nur zwei Stockwerke tiefer. Um einen alten Kanonenofen und das entsprechende Ofenrohr würde Fräulein Schuh sich aber kümmern. Der Mietpreis kommt Mara gering vor.

Die beiden Frauen finden im weiteren Gespräch rasch zueinander, eine gegenseitige Sympathie auf den ersten Blick. Auf die Frage nach dem Einzugstermin sagt Fräulein Schuh schlicht: »Ja, wenn Ihr wöllet, glei morge, am 1. Oktober.«

Mara fragt gleich noch weiter: »Auch schon heute?«

Auf das lächelnde Nicken der Hausfrau macht sie nun wirklich einen Luftsprung!

Von ihrer neuen Vermieterin leiht sie sich einen kleinen Leiterwagen und bringt in drei Fuhren Walters Habseligkeiten aus der unwirtlichen Unterkunft in das neue, erste gemeinsame »Zuhause«, das von Fräulein Schuh in der Zwischenzeit geputzt und mit einer Tischdecke wohnlich gemacht ist. Erst jetzt fragt sie sich, wie Walter wohl auf ihre neue Eigenmächtigkeit reagieren wird...

Am Abend holt Mara Walter wieder vom Dienst ab. Er hatte am Morgen sein kleines Gepäck für die Fahrt nach Tübingen im Rucksack über der Schulter und sieht irritiert, wie Mara, ohne alles und ohne jede Eile, neben ihm schlendert. Von Zeit zu Zeit guckt sie ihn spitzbübisch lächelnd an: »Ich hab doch gesagt: Ich komme, um zu bleiben.« Als Walter schließlich ungeduldig wird und wissen will, was für ein Spiel sie hier mit ihm inszeniert, wird sie ernst: »Bitte, Walter, vertrau mir. Ich habe eine Überraschung für dich – schließlich habe ich Geburtstag!«

Da überlässt sich Walter dem Gang der Dinge. Eng aneinandergeschmiegt gehen sie im Abendlicht an der Nagold entlang; ihr verdankt das Städtchen seinen Namen. Langsam, aber zielsicher steuert Mara den Gasthof »Löwen« an. Walter denkt sich, dass sie dort vielleicht zur Feier des Tages ein besonderes Abendessen bestellt hat. Doch am »Löwen« lenkt sie ihn vorbei und zum Nachbarhaus hin. Die Tür ist nur angelehnt. Auf der Schwelle legt sie ihm die Arme um den Hals: »Willkommen zuhause«, sagt sie und hört ihre Stimme unterm Herzklopfen vibrieren. Im Hausflur steht die Küchentür halb offen. Mara klopft noch während des Eintretens und ruft: »Fräulein Schuh, ich möchte Ihnen meinen Mann, Walter Rau, vorstellen!«

Walter, verdutzt und überwältigt zugleich, verbeugt sich vor der hohen Gestalt und stottert, etwas unverständlich: »Entschuldigen Sie, aber ich verstehe gerade überhaupt nichts.« Fräulein Schuh lacht: »Jaja, Herr Rau, Ihr Fraule wird Sie sicher noch manchmal überraschen; die isch von d'r schnelle Truppe! So, jetzt bring i euch in euer Liebesnescht.«

Langsam geht sie ihnen voran, die Treppe hoch zum

geräumigen Speicher mit dem Schrank im Vorraum, öffnet die Stubentür, und sprachlos schauen die beiden auf den Tisch unter dem großen Fenster: Da grüßt ein Herbststrauß zum Geburtstag, der Duft von selbstgebackenem Brot kommt ihnen entgegen, in einem Warmhaltekörbchen sehen sie zwei Eier, daneben Butter und »Gsälz«. Das alles hat Margrit Schuh gedeckt und eine Kanne Tee aus selbst geernteten Früchten dazugestellt. Eine Kerze steht in der Mitte, noch unangezündet.

Als die beiden die gute Seele zum Mitessen einladen wollen, wehrt sie energisch ab: » Noi, noi, jetzt müsset ihr erscht amoal bei euch selber ankomme; mir machet des scho irgendwann amoal au mitnander, aber et heut.« Lächelnd schließt sie die Stubentür, ruft noch von draußen: »Ond schlafet au en guate Schlaf die erschte Nacht hier.«

Mit dem Glückstreffer dieser gemeinsamen Wohnung und einer Vermieterin, die ihnen jeden Tag aufs Neue hilfreich ist, gewinnt Mara die innere Sicherheit, die sie im selbst gewählten Leben endlich ankommen lässt.

Die Erzählung meiner Mara-Jahre endet hier.

Wenige Wochen später sah ich meine Mutter wieder, sie hatte die Anreise von Brüssel gerade noch rechtzeitig zum Tag der »eigentlichen Trauung« und dem Hochzeitsfest geschafft, das für die Großfamilie Rau der Anlass für ein Wiedersehen der Sippe wurde.

Es folgten ruhige, ja idyllische Monate in Nagold für mich und meinen Mann Walter, mit der glückhaften Geburt von Johannes, dem ersten unserer neun Kinder. Unsere weiteren Kinder kamen in Tübingen zur Welt und wuchsen im Elternhaus Rau auf, in dem wir für viele Jahre unser Zuhause fanden.

Meine Mutter verließ erst Anfang der Fünfzigerjahre Brüssel. Sie wohnte dann einige Jahre bei uns und freute sich an der wachsenden Enkelschar. Das so genannte »Wiedergutmachungsverfahren« entschädigte sie nicht für den Verlust des Firmen- und Familienvermögens. Eine bescheidene Rente erlaubte ihr aber den Bezug einer eigenen Wohnung, in der sie sich sehr wohl fühlte und ihre Enkelkinder mit Vergnügen einlud und verwöhnte.

Schwer krank, aber versöhnt, starb sie 1960 in ihrem vierundsechzigsten Lebensjahr. Ihre letzten Worte waren: »Es ist in Ordnung.«

Wenn ich nun an sie denke, spüre ich in allen Fasern des eigenen abgekämpften Körpers, welchen selbstlosen Einsatz meine Mutter ohne Belohnung und ausdrückliche Anerkennung geleistet hat. Eigentlich ist sie, Vicky, die Heldin in meiner Mara-Geschichte, denke ich heute.

Mit Walter teilte ich 32 Jahre eines intensiven Lebens. Erfüllte Jahre als eng verbundenes Paar und glückliche Eltern von gesunden, lebhaften Kindern.

Walter wurde promoviert, sein Verantwortungs- und Aktionsradius erweiterte sich. Zuhause war er ein rührender Vater und aktiver Helfer in allen häuslichen Belangen.

Ich wandte mich – als das arbeitsreiche Familienleben mir mehr Zeit ließ – der Psychologie zu. Über die Mitarbeit in einer psychologischen Beratungsstelle holte ich mir – neben dem eigentlichen Studium – in Fort- und Weiterbildungsmodulen nach und nach das Instrumentarium für die Praxis. Es waren ungemein arbeitsreiche, anstrengende und glückliche Zeiten!

Als mein Mann immer häufiger im Rahmen der »Deutschen Entwicklungshilfe« im Ausland tätig war, brachten diese Wochen und Monate für mich lange Phasen von Einsamkeit und hoher Arbeitsbelastung. Unsere unterschiedlichen Berufsfelder – bei ihm im wirtschaftlichen, bei mir im psychosozialen Bereich – ließen uns nur wenig gemeinsame Themen finden; sie trugen eher zur Entfremdung bei. Wir beide entwickelten uns individuell weiter, aber nicht als Paar. Wohl wissend, dass wir in tiefster Seele untrennbar verbunden bleiben würden, suchten wir den Weg zu einer einvernehmlichen, notariell bestätigten Trennung. Unsere »Seelenverwandtschaft« bestand in aktivem Austausch bis zu Walters Tod im Jahr 1988.

An seinem Sterbebett konnte ich die mehrtägige und -nächtige Wache mit unseren Kindern teilen.

1980 verließ ich Tübingen und eröffnete in Nürnberg im Rahmen einer Praxisgemeinschaft mit dem Arzt und Psychoanalytiker Guido Groeger – der zuvor Leiter des Evangelischen Zentralinstituts für Familienberatung gewesen war – eine eigene psychotherapeutische Praxis.

Wir kannten uns damals schon mehr als zehn Jahre aus Gremien, die Menschen unserer Berufsfelder auf überregionaler Ebene immer wieder zusammenführten. In langen Intervallen, bei Fachtagungen, Kongressen und Arbeitstreffen lernten wir uns – in den Pausen und bei abendlichen Gesprächen – besser kennen; fast scheu tasteten wir uns hinter die beruflichen Kulissen.

Beide hatten wir lang währende Lebens- und Familienerfahrung. Auf den Bühnen des täglichen Lebens erfüllten wir wie selbstverständlich mit Herz und meist mit Freude unsere häufig schwierigen Aufgaben in Familie und Gesellschaft. Doch in den Kulissen waren wir beide, jeder für sich, jeweils allein, beladen mit dem Gepäck des bisherigen Lebens. Letztlich hat uns die Ähnlichkeit unserer Herkunfts- und Hintergrundgeschichten zueinander finden lassen.

Es wurde ein langes Ringen, auch innerhalb der noch bestehenden Paarkonstellationen, bis für uns beide feststand, dass wir die Zukunft gemeinsam gestalten wollen.

In der Nürnberger Praxisgemeinschaft hatte jeder seine eigene Klientel, aber manche Gruppen und Seminare gestalteten wir auch gemeinsam: mit einem abgestimmten geistigen Konzept und mit unterschiedlichem Handwerkzeug. Die Praxis war nach kurzer Zeit schon ausgebucht: Ich atmete auf, nicht nur weil ich finanziell unabhängig war; auch weil ich nun erreicht hatte, was ich seit meinen jungen Jahren ersehnt hatte.

Aber nach sechs Jahren wollte ich weg von Nürnberg. Die Stadt weckte in mir zu viele bedrückende Erinnerungen an die frühe Vergangenheit. Es zog uns beide an den Bodensee. Der Neuanfang in Konstanz, das völlig andere Lebensgefühl in einem bald geliebten Zuhause, weckte in uns beiden alle positiven Energien und verschaffte uns viele glückliche Jahre.

In dieses gelöste südliche Ambiente fanden sich auch unser beider Kinder gern ein; meine Kinder häufiger, weil einige von ihnen in Baden-Württemberg keinen so weiten Weg nach Konstanz hatten wie die von Guido aus nördlicheren Gefilden.

Immer waren es reiche, oft glückliche Stunden und Tage, die wir miteinander verbringen konnten – in lebhaften Gesprächen, auf Wanderungen, am Ufer und im Wasser des Sees.

Bald nach Beginn des neuen Jahrhunderts nahm Guidos Lebensenergie ab. Er wollte weiterhin reisen, wurde aber schneller müde; irgendwann musste er sich einer Operation unterziehen; danach saß er am liebsten auf dem kleinen Dachgarten, las und schaute den Mauerseglern zu. Wenn ich das Haus verlassen musste, um Supervisionsaufgaben in den umliegenden Kliniken wahrzunehmen, wurde er unruhig und fragte angstvoll, wann ich wieder heimkommen würde. Es war eine Novembernacht im Jahr 2004, als er zuhause in meinen Armen starb. Das Leben hatte uns vierundzwanzig gute Jahre geschenkt.

Und danach…

Und heute?

Ich lebe in der Zeit und mit der Zeit. Mit den digitalen Mitteln von heute setze ich mich – im Verbund mit vielen anderen Menschen – weiterhin auch öffentlich ein für Frieden und mehr Gerechtigkeit auf unserem Planeten.

Dankbar und beglückt sehe ich, dass meine Kinder in unterschiedlicher Weise diese Einstellung internalisiert haben. Solidarität, Hilfsbereitschaft, politische Wachsamkeit sind für sie keine Fremdwörter, sondern gelebte Realität im Alltag. Das macht mich froh und zuversichtlich im Blick auf ihr Leben.

Ich selbst fühle mich aufgehoben in der Welt als Teil der Schöpfung und verneige mich vor dem Geheimnis ihres Ursprungs. Ich danke meinen Kindern und den vielen Menschen, die mein Leben reich gemacht haben. Ich danke dem Leben als solchem, dass es mich an seiner unerschöpflichen, widersprüchlichen Fülle teilhaben lässt bis heute.

Dank

Die ursprüngliche Fassung habe ich 2015 nur als kleinen Privatdruck meinen Kindern und nahen Freunden zugedacht.

Meine Tochter Hanna Dauphinot brachte damals meinen Text ins Buchlayout, scannte und bearbeitete die Fotos und verhalf dem Buch zum Druck. Dafür bin ich ihr bis heute dankbar.

Auf unwägbaren Umwegen gelangte dieser Erstdruck auch zu Ekkehard Faude und somit zum Libelle Verlag. Er nahm umgehend Kontakt mit mir auf, und in den Wochen danach verständigten wir uns auf die vorliegende, gründlich überarbeitete Erzählung meiner »Mara-Jahre«. Ich danke E. F. herzlich für sein persönliches Engagement und sein Geleit.

Meine Erinnerungen können, so hoffe ich, nun mit einer neuen Aktualität gelesen werden in einer Gegenwart, in der wir mit immer mehr geängstigten Menschen zu leben haben, die mit ihren anderen Fluchtgeschichten bei uns ankommen.

Französische Rede übersetzt

S. 69 »*Madame Benda* …«: Frau Benda, kommen Sie schnell. Ihr Töchterchen ist angekommen!

S. 91 »*Merci, Monsieur* …«: Danke von ganzem Herzen für Ihren Beistand!

S. 94 »*Mais non* …«: Aber nein – Ihre Kollegen.

S. 105 »*Mademoiselle* …«: Fräulein, bitte warten Sie!
»*Une minute* …«: Einen Augenblick, ich komme herunter.
»*C'est pour* …«: Das ist für meine Mutter, und es ist sehr wichtig für sie und für mich.

S. 106 »*Si je peux* …«: Wenn ich Ihnen damit eine Freude bereiten kann?

S. 168 »*Tu es qui* …«: Wer bist du denn? Ich habe dich nie unter meinen jungen Frauen gesehen.
»*Je veux faire* …«: Ich will in Brüssel Medizin studieren und danach einen Platz in der Welt suchen, wo ich praktizieren, mich irgendwie nützlich machen kann.
»*C'est bien* …«: Das ist gut, wenn du eine Vision für deine Zukunft hast, ein Ideal, dem du nachgehst. Mannequin – das ist eine Sinnestäuschung, eine vorübergehende Illusion. Aber danke, dass du dieser Truppe deinen persönlichen Duft gibst.

S. 189 »*Un quart d'heure* …«: Eine Viertelstunde für Sie, mein Fräulein, ich bin ein sehr beschäftigter Mann.
»*Au nom de l'amour*«: Im Namen der Liebe.
»*Laissez-passer*«: Passierschein.
»*Je vous souhaite* …«: Mein Fräulein, ich wünsche Ihnen, dass dieser Mann sich Ihres Mutes würdig erweisen wird.

Frauenleben, erzählt

Ilse Helbich
Schwalbenschrift
Ein Leben von Wien aus

240 Seiten, gebunden
ISBN 978-3-909081-96-7

Maria Bosse-Sporleder
Im fünften Koffer ist das Meer
Autobiografische Erzählungen

160 Seiten, Klappenbroschur
ISBN 978-3-905707-52-6

Käthe Vordtriede
»Es gibt Zeiten, in denen man welkt«
Mein Leben in Deutschland vor und nach 1933

280 Seiten, gebunden
ISBN 978-3-909081-13-4

Katrin Seebacher
Morgen oder Abend
Roman

316 Seiten, Leinenband
ISBN 978-3-909081-76-9

Sigrid Faltin
Die Baroness und das Guggenheim
Hilla von Rebay – eine deutsche Künstlerin in New York

312 Seiten, gebunden
ISBN 978-3-909081-45-5

www.libelle.ch

Bücher haben ihre Vorgeschichte …

*Im September 1998 stellten wir in der Kartause Ittingen
die Briefe von Käthe Vordtriede vor, die sie aus Nazi-Deutschland
und nach ihrer Flucht in die Schweiz an ihren Sohn schrieb:
»Mir ist es noch wie ein Traum, dass mir diese
abenteuerliche Flucht gelang …«.*

*Damals war die in Konstanz lebende Ilse Rau mit ihrem Mann
Guido Groeger unter den Gästen der Vernissage.
Und Ilse Rau wusste, dass sie eine ähnlich abenteuerliche
Geschichte mit sich trug.*

*Im Februar 2016 erfuhren wir durch Constanze Brahn
von einem Privatdruck, in dem Ilse Rau,
die inzwischen in Tübingen lebte,
den Verstörungen ihrer Kindheit in Chemnitz und Berlin
und ihren Flüchtlingsjahren in Belgien nachgegangen war,
bis hin zu einer eigenwilligen und glücklichen Rückkehr
nach Deutschland. Was für eine Frauengeschichte in den Wirren
des europäischen 20. Jahrhunderts …!*

*Dass nach abenteuerlicher Flucht
ein Fortleben in fremdem Land gelingen konnte,
welche Einsamkeits- und Glückserfahrungen eine Heranwachsende als
Flüchtling in fremder Sprache durchstehen kann, wie viel Hilfe sie
erfuhr im Land, das sie aufgenommen hatte – diese Mara-Geschichte
entfaltet in der heutigen Lektüre eine ungeahnte Aktualität.*

*Die Überarbeitung, Kürzung und Präzisierung ihres Textes für diese Buch-
fassung hat Ilse Rau im Frühjahr geduldig und in der Heiterkeit unserer
Kommunikationen (in Gesprächen, per E-Mail…) begleitet.*

*Bildrechte für alle Fotos im Textteil
sowie des Umschlagbilds: Privatarchiv Rau.*

Buch- und Umschlaggestaltung: PhloxArt

*Gedruckt und gebunden bei Pustet in Regensburg
im 37. Sommer der Verlegerei.*

ISBN 978-3-905707-65-6